日本聖地之旅

跟著達人玩不一樣的日本

廖小嬋 著

JAPANESE HOLY LAND EXPLORE

推薦序

這幾年來，我們夫妻倆在忙碌看診工作之餘，最幸福的享受，就是跟著 Mimi 去旅行。

當我閱讀這本書時，那些難忘深刻又甜美多汁的旅遊回憶，泉湧而至。無論是在屋久島上宛如仙境的遠古森林中，抱著千年大樹潸然淚下；或是在星野富士的夜晚，在接近零度的曠野中，啜飲熱巧克力和烤棉花糖，與愛人在空中帳篷中相擁看滿天星斗；也曾在越後妻有大地藝術季的雪地裡嬉鬧奔跑著，看那火樹銀花在雪地裡的夜空，肆無忌憚地綻放璀璨著，在那一瞬間，彷彿看到前世今生，在輪迴中我們都曾彼此交會，然後擦身而過……

Mimi 是奇女子，小小的她，能量與勇氣十足。她帶著旅人們一起冒險，看新奇獨特的風景，嚐遍各種美食料理。跟著 Mimi 走，我才瞭解甚麼叫做行家的深度旅行，這絕非市面上旅行社的行程能比擬。以往，若是想走深度旅行，必須靠自己做許多功課，以自助旅行的方式才能有機會達成。年輕時，有體力、有時間，可以這麼做，但這些年來，工作家庭事業漸漸忙碌，無暇規劃行程及做功課，此時 Mimi 的出現，無疑是給我們夫妻倆最棒的禮物了！

只要 Mimi 一公布獨家旅遊行程時，我們一定二話不說，直接報名。跟著她一起旅行，除了吃住交通不用煩惱，行程更是有深度又有彈性，更重要的是，顧客回籠率超高，每次報名都會遇見幾位固定班底，大家像開同學會一樣，又見故友，格外喜悅。

今年由於疫情關係，Mimi 暫時無法出國旅行，她趁此時機，將這些年來帶旅人們遊歷過的行程，按照月份編列，集結成書。非常有榮幸搶先拜讀，並為此書寫序。好幾個夜晚，我邊讀邊感動著，曾經走過的行程讓我回味不已，未曾去過的地方讓我心癢難耐。

謝謝 Mimi，讓旅行成為我們人生的美好風光，安撫了躁動不安的靈魂深處，也滋潤了疲乏倦怠的心。

人文新境牙醫診所

吳帛霓　洪永山

作者 自序

凝視著海洋，如仰望星空，探索生命初始的模樣。海洋存有從宇宙形成至今所有的記憶，與地球上所有生命之誕生起源。

二十一歲那年暑假來到花蓮，參與黑潮海洋文教基金會舉辦的鯨豚調查員志工，我很幸運在花蓮生活兩個月，每天跟著賞鯨船出海做紀錄，清晨從海上出發，觀賞海上晨曦之美，在柔亮光芒照耀下，中央山脈線條清晰可見。從海上觀察岸上立霧溪口、太魯閣大橋及清水斷崖的山水景觀、立霧、三棧溪，連綿的海岸山脈、從牛山到水璉，與黑潮交織而成的河海生態。越靠近清水斷崖時，感受到從山林吹來森林的氣息，加上海上所散發出的水蒸氣，形成特別舒服的濕度，也許在每日這個時刻，是山中神靈與大海精靈互相呢喃細語時分。

吹著海風凝視著海洋，大海媽媽溫柔的迎接著我，每一天每一天召喚著不同的大海精靈與我們相遇。手背上有大海與太陽曬乾的鹽晶，臉上的笑容與雀斑逐漸化身為熱帶斑海豚。在海上發生的全部，與自然接觸所形成的改變，不知不覺與大海合而為一，而我的翅膀吸取著海上的養分伴隨著成長，並且喚醒了海洋DNA。此後大海與海之精靈不論去到哪裡都存在與身體水之記憶裡。在未來我們將會知道，大海留了什麼禮物給我們。

暑假過後，來到高雄文藻外語學院唸書時，宛如新生的小鳥有雙翅膀到處探索，跟隨著內在快樂衝動，參與了許多校外活動。冬季週末前往高雄茂林當紫斑蝶調查員，跟著牙科醫師們前往偏鄉做義診，參加了人本教育基金會的志工陪著小朋友們一起蓋樹屋和探索蘭嶼，和德文系同學們一起做校外展比賽。來到澎湖望安當海龜調查員，每晚等待海龜媽媽上岸產卵，並且等待小海龜孵化成功游向大海。參加了「國際自由車環台公路大賽 Tour de Taiwan」日文接待翻譯，跟著選手們一起從南到北征戰。深受擁抱夢想的選手們而感動，原來在台上領獎的選手，背後需要這麼強大的團隊合作。

二十四歲那年申請去澳洲打工度假，認識了許多來自台灣和世界各地的朋友，第一份工作在連鎖餐廳 WAGAMAMA 上班，下班後回到背包客棧和大家分享日常喜悅。半年後，身體突然有了變化，在胸部裡長了一顆小腫瘤，腫瘤慢慢越變越大顆，從家庭診所轉到公立大醫院治療，醫生看診時，試圖幫我把膿腫抽取出來，卻完全抽不出來，醫師開了一個禮拜的藥，請我回去觀察看看膿腫會不會變小，一個禮拜再回來複診。

來澳洲這麼久只顧著打工賺錢哪裡都沒去，想了想如果只剩下一個禮拜在澳洲，最想去哪？心裡的聲音告訴自己，在台灣只有看過海豚，想去看看鯨魚。和公司請假後，買了隔天的車票前往西部的最南端尋找南極露脊鯨。為了前往能看到鯨魚的燈塔，自己一個人走在下著雨的森林裡，雖然猶豫了一下，但是還是往前走向目的地，只為了去望一眼在西南角最遙遠的燈塔。來到了賞鯨小鎮，印象好深刻真的是超近距離與南極露脊鯨接觸，鯨魚從我們賞鯨船下游過去，並且從我的前方游了出來，船身還搖晃了一下，那一刻感動得要命。

一個禮拜後，藥物並沒有讓膿腫消失，還越來越大、越來越痛。回到醫院時，走在陽光灑下的長廊哭了許久，旅程才剛開始，卻因為身體生病要回家了。看診時醫生說：「已經急性發炎，要趕緊回台灣開刀，不然就在澳洲趕快幫我安排開刀。」前一秒還哭著說要回台灣了，在當下馬上跟請醫生幫我開刀。醫生立刻幫我安排了當天凌晨時段開刀。記得開刀完後，護士推我出手術房時，半醒半昏迷中看到好友在外面等著，看著我手術平安後才離開，那一幕一輩子刻印在心中。開刀完必須住院觀察兩天，當時住過比五星級飯店費用還貴的就是住院費，一天將近五萬台幣，加上開刀費用，總共付了十二萬台幣左右。好友們照顧著我甚至燉煮了許多補品幫我補身體。身體復原後，離開了當時住的城市，開始享受旅程，沿著西岸北方前行，選擇停留的地點沒變，有海豚、有海、有大自然的地方就是落腳處。沒有 GPS 的年代，手握著地圖很踏實。人生中的每一階段，都是養份，有健康的身體，才能開心地走向人生旅程。每一階段遇到的您們，都是很重要的緣份。謝謝在澳洲遇見您們，照顧著我並且一起分享人生旅程中的喜怒哀樂。

因為想去歐洲看國際自行車比賽的最高聖殿「環法自行車大賽」，存錢一年後，在網路搜尋法國資訊時，剛好看到「飛達旅遊」在徵選環遊歐洲鐵路的旅遊徵選活動，因此努力寫了文章，得到了人氣前二十名，二十名內的候選人可以參與選拔前三名獎項。

第一獎：全歐洲鐵路兩個月內火車通行票，**一等車廂**彈性使用10日。加上住宿兩晚。

第二獎：全歐洲鐵路兩個月內火車通行票，**一等車廂**彈性使用10日。加上住宿一晚。

第三獎：全歐洲鐵路兩個月內火車通行票，**一等車廂**彈性使用10日。

翻開歐洲的地圖規劃行程，把自己的旅遊計畫用畫的畫在畫冊上，也不知道哪來的勇氣用畫的，重點是因為繪畫能力也是一個幼幼班等級。豪心壯志寫的旅遊計畫很厲害。現在想想自己真的很會天馬行空旅遊。去面試那天，發現每一個人都是很厲害的PPT。頻審們詢問我說，你為什麼用畫的介紹自己的旅遊計畫呢？我回答說：因為爸媽們不會用電腦，用畫的他們可以隨時知道我去了那些地方。

最後很幸運的得到第三名，原本存錢只去法國的我，因為有了歐洲火車通行票，省下許多交通費用跟隨心裡的渴望去了法國、西班牙、義大利、瑞士，翻閱著「Lonely Planet孤獨星球」旅遊聖經，跟隨著文字吸引前往了許多鄉間小鎮，一個人背著登山背包待在歐洲整整九十天，信任期待著旅途中所有美好的一切。

二〇一〇年時，完全不字正腔圓的我，因為想去日本工作，竟奇蹟地選上日本氣象主播的工作，來到日本展開了不同的人生體驗與旅程。二〇一一年三月十一日東日本九級大地震當天，從千葉來到東京明治神宮參加好友的畢業典禮。下午我們來到學校參觀，在地震發生前好友的媽媽說想要上洗手間，因此我們三人走到了地下室去，緊接沒多久，開始搖晃了起來，越來越有感的晃動，我們三人一同衝向樓梯，從樓梯跑到一樓的距離也只有短短幾十秒鐘，在激烈的搖晃中，過程感覺宛如災難片一樣漫長。

那時的我們手機收不到訊號，看不到任何的新聞與消息，世界彷彿斷訊一般，電車停駛、街上塞滿車輛動彈不得、路上大排長龍等待公共電話的人。沒有任何消息的我們，走上街頭尋找消息，看到一群人圍著傳統電器行外面的電視，所有人臉色凝重驚呆著看著電視的畫面，好長好長的長浪變成海嘯，越過了堤防、公路，所有的房舍與汽車彷佛積木一般脆弱地被沖走。這一幕震驚了我們。防震常識深入日本人的魂，而這一次卻因為海嘯，造成分離，緊接著核電神話破滅。

我們深呼吸了一口氣，發現自己跑了搖了爬了走了好長的一段路，明白了一點點好簡單的道理，還好地震當天我們都在彼此的身邊，因此少了焦慮與無助，看著天災人禍帶走了許多無助的別離，瞭解生命中不在是以為的永久，隨時一聲再見都可能是永別，而我們唯一能做的，即是珍惜把握當下的每一瞬間。

從二〇一〇至二〇二〇年陸續在日本探索了許多自然與神聖結合的秘境，在這裡被自然接納著與療癒著，感受它隨時隨地包容著我們，並且重新感覺內在原本就擁有的能量。當我們重新與大自然連結，就會發現自然以不同的方式，隨時都在我們身旁陪伴著我們，感謝聖地給予了能量與勇氣。感謝我一路上遇到的貴人，給予我無限的學習與機會，謝謝您們成為我生命中很重要的眾神。感謝一路上一同前行與探索的您們，因為有您們，圓滿了人生每一段美好旅程。

在日本看過一個報導述說：「日本是一條龍，頭部位於九州、嘴巴位於鹿兒島灣、眼睛位於有明海、龍角位於五島列島、鬍鬚則是種子島～沖繩～與那國島、前腳位於四國、脖子則是山陰山陽地方、背脊則是能登半島、腹部則是東北地方、尾巴則是國後島，而留住龍的龍珠則是寶地台灣。」

台灣像是準備浮出水面的鯨魚，等待島上的居民開始甦醒。海洋之子與山林之子，親山與親海、守護山林也愛護海洋，自然本身就是個最偉大的奇蹟。日本聖地之旅，希望能讓您們認識到不一樣的日本。謝謝閱讀此書的您們～感謝。

日本聖地之旅

北海道
青森
秋田
岩手
山形
宮城
新潟
福島
石川
富山
群馬
栃木
長野
茨城
福井
埼玉
岐阜
山梨
東京
千葉
神奈川
近畿
鳥取
京都
滋賀
愛知
靜岡
島根
岡山
兵庫
廣島
大阪
三重
山口
香川
奈良
德島
和歌山
福岡
愛媛
高知
佐賀
大分
長崎
熊本
宮崎
鹿兒島
沖繩

1
January
むつき

【睦月】

一月稱為睦月，為團圓和睦之意，表示對人尊重，關心他人。

一月份不管是在農曆或者是陽曆即是「正月」，為一年初始，充滿了新年新氣象，與親朋好友們和樂融融齊聚一堂，美好一年即將展開。

秋田

あきたし

AKITA

男鹿半島生剝鬼祭、橫手雪祭

在豪雪地帶的鄉野，為了度過嚴峻冬天，透過祭典凝聚眾人，男鹿生剝鬼柴燈祭、橫手雪祭，是秋田限定的雪之祭典。對於雪國的孩子來說「雪屋是極樂世界、生剝鬼則是地獄啊」，經年累月點滴心願，傳承下來成為雪國最動人心靈歸宿。

男鹿半島生剝鬼奇祭

男鹿半島位於秋田縣西部，沿著日本海海岸線上，遍佈景色奇特的奇岩怪石，在當地有一項傳統民俗奇祭，於二〇一八年列入聯合國教科文組織非物質文化遺產的「生剝鬼祭」。在以前為舊曆年小正月舉行，現今為每年十二月三十一日除夕夜時舉辦「生剝鬼節」。

在除夕夜當天，村裡的年輕人午後前往集會所準備，戴著生剝鬼面具，身穿蓑衣前往真山神社，由神宮袚除除穢，並且賜予神酒，迎接入魂神事，身心都化成為生剝鬼時，一個紅臉、一個青臉，瞪大雙眼露出長獠牙宛如魔鬼般的恐怖臉孔，身穿稻草蓑衣，狀似惡鬼的生剝，被視為「來訪神」，是指每年一度在特定的時期來到人間的神。在傳統祭典中，地方居民會以面具，扮裝的姿態出現，為當地祈求幸福及平安。

隨行者會先敲門詢問家中主人，生剝鬼可以進來嗎？因為如果這一年家中有人過世或是生小孩，生剝鬼是無法進入。真山地區的生剝鬼承襲古老傳統，在進入家門前會在門口兩腳左右交替用力踏地七次。生剝鬼一邊將玄關門戶搖得震天響，大搖大擺地闖進家中，並且說著恐嚇話語，大喊著：「有沒有壞孩子呀？有沒有懶惰的人呀？」，是為了嚇跑惡靈和消災除惡。

這時候家中主人便會端出準備好的美食給生剝鬼享用，接著生剝鬼在入座時會在餐桌前，兩腳左右交替用力踏地五次。入座後生剝鬼邊喝酒邊詢問：「今年農作物收成好不好？」、「小孩子有沒有認真唸書？」然後主人便會回答生剝鬼的問題：「托您的福，收成很好。」、「我們家的小孩都很認真，很聽父母的話。」這時生剝鬼會翻開生剝鬼記錄簿說：「真的嗎？記錄簿上說他喜歡看電視，不幫忙做家事。生剝鬼一年中住在神社的大樹洞穴裡，主人家如果小孩不聽你的話，請你輕輕拍三次手，我們隨時下山來，來找小朋友們。」，生剝鬼聽完後將答應保佑這家人在新的一年裡身體健康、豐衣足食，祈福完後便離去。生剝鬼離開餐桌前，兩腳左右交替用力踏地三次。踏腳次數為七五三次合計為十五次，這個數子是根據月的圓缺，滿月為十五，因此被認為是幸運吉祥的數字。生剝鬼離去時，掉落在屋裡的稻草，會被大家小心翼翼地撿起來並且珍貴收藏，保佑無病息災。

生剝鬼在挨家挨戶去除災禍並且祈福完後，一定會在深夜十二點前回到真山神社，將稻草衣綁在神社境內的歡喜天神社樑柱上和千年櫃樹上，神事圓滿結束後，祂們會回歸眾神的世界。如此用心良苦的

生剝鬼祭，也被視為警戒人們不得怠惰的神明化身，祈求平安健康度過新年的重要祭典。

生剝鬼柴燈祭 なまはげ柴灯まつり

從昭和三九年開始（西元一九六四年），在每年二月的第二個周五至周日連續三天於真山神社舉行「生剝鬼柴燈祭」，讓遊客可以參與男鹿半島當地的傳統祭典。在二〇二〇年參與第五十七回「生剝鬼柴燈祭」，很特別的是這三天，剛好也是農曆正月的十四日、十五日、十六日。今年日本氣候異常，各地呈現暖冬的情形，很多地區都沒有下雪，但是來參加祭典的這幾天，寒流來襲，秋田也下了一場豪雪。祭典三天，大會特別安排付費接駁巴士，讓前往體驗祭典的民眾，可以從男鹿車站，步行三分鐘即可前往「道の駅おが」男鹿道路休息站集合，轉搭乘約四十分鐘車程的巴士，抵達真山神社會場。

一出車站就看到當地具有代表性的生剝鬼圖像，日本的道路休息站非常特別，販賣許多當地才有的農產品與特產，也能索取觀光資訊與地圖。在休息站巧遇秋田最具盛名的秋田犬，是當地人引以為豪的寵物。秋田犬的祖先被稱為山地狩獵犬，樸實的外表帶有沈穩堅定的氣質，感覺敏銳及對主人至死不變的服從忠心，是非常適合家庭飼養。除了體型有點壯、體重有點重、吃的有點多、突然爆衝時拉不住，其他零缺點。

WELCOME!
OGA!
TREK

CYCLE STATION
OGARE

OGARE

前往男鹿半島的路上，大雪紛飛彷彿進入時空隧道，天地只剩雪白。往山路繞啊繞，終於在公路入口處看到巨大的生剝鬼雕像，藍色臉孔生剝鬼為婆婆，手拿菜刀與水桶；紅臉的生剝鬼則是爺爺，手上拿著大麻，也可以稱作大幣，是神道祭祀中用以祓除的道具之一，以大麻對之搖振以祓除受祓者身上的穢惡。

來到山林入口處可以看到巨大圓體的戶外藝術品，作品意涵是生剝鬼之眼。為長野縣藝術家上哲夫以不同顏色的大理石表現出男鹿半島的山、海、夜空。

沿著燈火前往真山神社需要攀爬一小段階梯，參道上靜謐幽然，根據日本最古老的日本書籍，古事記與日本書皆記載到，第十二代景行天

皇召喚武內宿禰前往北陸視察時，經過男鹿半島時，對著男鹿半島群山祈求考察順利，並且在此祭祀主祭神「瓊瓊杵命」和「武甕槌命」兩神，便是「真山神社」的由來。主祭神瓊瓊杵命為國土安泰之神。也是神話故事中，天孫降臨於日本的主角，也是日本歷代天皇的祖先。當他降臨時，天照大神授予了象徵繼承天位的三種神器，分別是八尺鏡、草薙劍、八尺瓊勾玉，以及神聖的稻穗。從天上帶來稻種，為陸地帶來稻作的起源神。另一位主祭神武甕槌命則為武運長隆之神。真山神社的本殿鎮座於真山山頂，保佑著國土安泰、武運長久、五穀豐穰、海上安全。

平安時期合稱為男鹿三山的真山、本山、毛無山，成為東北地區熱門的修驗道場，自古以來就是山嶽信仰中著名靈場之一。

於拜殿參拜後，前往真山神社境內，中央處已經點起柴燈營火，據說「なまはげ NAMAHAGE」一詞源於當地方言「ナモミ NAMOMI」，寒冷的冬天，坐在暖爐旁過久，就會長出稱為 NAMOMI 的紅疹，而神靈就是來幫助懶散的人把變紅的皮膚剝去，以戒除懶惰。驅逐了懶散的惡，福氣就會來臨。另一個傳說為中國漢武帝帶五隻惡鬼漂洋過海來到男鹿半島，五鬼作怪搶奪農作物，村民忍無可忍於是雙方約定，一夜之間砌好一千階石階到五社堂就可以贏得村落，五鬼石階砌得很快，眼看只剩一階就快完工了，村民很緊張於是學公雞啼叫，五鬼以為天亮便逃走了。村民擔心五鬼報復，於是每年農曆年一月十五日，村里的年輕男子化身為神的使者生剝鬼，為家家戶戶祈福。生剝鬼也成了警惕世人不要偷懶，驅除災厄的使者。

祭典當天從晚上六點開始，一連串的儀式與演出，讓來訪者更深入了解生剝鬼柴燈祭特色與文化傳統，以下為時間表：

鎮釜祭・湯之舞 18：00～／湯之舞為男鹿地方獨特的秘除神樂，鎮釜祭是古老傳統的湯立神事，先在大釜里煮沸熱水，神官唱念咒語，並且用稻穗結成勺攪拌熱水，此信仰是為了鎮服冬日波濤洶湧的日本海。據說在以前神宮會以熱水湯花沸騰的模樣，作為重要的占卜神事。

生剝鬼入魂 18：20～／參道入口

鎮釜祭與湯之舞結束後，化身為生剝鬼的十五位年輕人，從社殿和藥師堂間的石階下來，站在神社參道入口，接受由神官做消災除惡儀式，並且領取生剝鬼面具，年輕人化身為神的使者生剝鬼後將回到山裡。

生剝鬼儀式再現 18：35～／神樂殿

在現場可以看到男鹿各地於除夕夜舉辦的民俗儀式，一位隨行者會先敲門詢問家中主人生剝鬼可以進來嗎？一家之主則身著正裝鄭重迎接，生剝鬼入門後到處亂走，並且以大聲高喊恐嚇的話語，大喊著「有沒有不聽父母話的小孩？」、「有沒有好吃懶惰的媳婦？」等等。生剝鬼威脅著孩童們的兇惡模樣，使得在場邊小孩嚇得縮到父母身邊。

生剝鬼勇壯舞 18：55～／柴灯火前

兩位生剝鬼舞者來到巨大的柴灯營火前，一邊大聲吼叫和舞蹈氣魄十足。是由秋田知名的現代舞蹈家石井漠氏所編舞，並且由兒子作曲家石井歡氏作曲。

生剝鬼和太鼓 19：05～／神樂殿

結合生剝鬼與和太鼓的嶄新鄉土藝能表演，於八〇年代後半開始盛行，目的是為了祈求闔家平安與五穀豐收，和太鼓的躍動感與生鬼的魄力下，看得觀眾無不為之傾倒。生剝鬼時而躍下舞台嚇嚇場邊的小孩，逗著父母很開心的大笑。

生剝鬼下山 19：25～／廣場

進入祭典最高潮，從山林黑暗中隱約看到火光，逐漸看到身影，十五位手中握有松明火炬的生剝鬼，走下雪山既雄壯又奇幻的姿態，繞著柴燈營火，並且走入人群，瞬間生剝鬼成為最迷人神的使者。

獻餅儀式 19：50～／參道

神官把柴燈火燒烤的護摩餅獻給下山來的生剝鬼，因為護摩餅有神力，生剝鬼無法輕易碰觸到，好不容易拿到護摩餅，生剝鬼就返回有神明的山林。

生剝鬼進入人群 20：00～／神樂殿 廣場

男鹿半島各地具有特色的生剝鬼將在會場內穿梭巡行，每一位生剝鬼臉上的面具都各自有其獨特外形風貌。能夠同時欣賞到風格迥異的面具。

發送護摩餅 20：30～／神樂殿

在柴燈營火中燒烤出的大餅，奉納至神前，獻祭給神的使者生剝鬼，稱作護摩餅。並且分送給參與祭典的民眾享用，護摩餅有去除災難，守護安全功效，可以帶回家燒烤後即可享用。在這時候，場內宛如偶像見面會，大家圍繞著生剝鬼拍照，看著日本小孩跟生剝鬼拍照的表情，加上爸媽們在旁邊大笑的很開心，不乖的小朋友可要注意囉。

在會場還看到男鹿市市長菅原広二先生，站在會場和大家熱情地打招呼致謝。

周邊行程推薦：

「なまはげ館— NAMAHAGE 館」

在祭典以外的日子，也可以來到真山神社參拜，神社旁 NAMAHAGE 館中，陳列著舉行儀式的鬼臉面具以及服裝，展示著六〇個區域不同的生剝鬼造型，也可以穿上生剝鬼服裝體驗當來訪神的感覺。

「男鹿真山傳承館」緊鄰 NAMAHAGE 館旁，可以體驗新年生剝鬼祭的活動內容，即使不在節日期間，也能感受祭典活動氣氛。雖然說的是日文，但是生動有趣非常值得體驗喔。

「ゴジラ岩—哥吉拉岩石」

男鹿半島由於地理位置面向日本海，海岸線有許多十分壯觀的奇岩怪石，有一座非常特別的岩石，外觀像似日本影史上最經典最有名的怪獸角色哥吉拉。當夕陽下山時，天空染成一片橘紅光芒，彷彿哥吉拉在暴怒噴火一般。

「滝の頭湧水ー瀧之頭水源淨水場」

男鹿半島代表名水，為雪水和雨水經由寒風山火山內部底層淨化後，歷經二〇年後從淨水場湧出，富含礦物質，作為男鹿半島農業用水和飲用水。可說是來自火山的恩惠泉源。往水源方向步行，繞行一圈也僅約30分鐘，步道兩旁盡是參天古樹，猶如電影場景般幽美。

「雪地動物足跡追蹤」

穿上特殊的雪鞋，由專業的嚮導帶你走入雪白森林，找尋動物們的足跡，透過足跡觀察，在雪白大地，猜測與想像動物們在做些什麼。現身的動物因地域不同林林總總，運氣好的話說不定會遇到鹿或松鼠、狐狸等小動物們。

網站：http://www.akita-satoyama.com/

「里山カフェににぎ - 里山 Cafe NINIGI」

男鹿半島知名古民家咖啡店，店名來自於真山神社祭祀的主祭神「瓊瓊杵命」，這間古民家已經傳承三代，主人的姓氏非常特別，竟然與日本神話故事中，非常重要指引道路之神的姓氏一樣，詢問之後，古民家主人的曾祖父可是男鹿半島非常重要的恩人，對於真山神社敬神傳統有極大的貢獻，在神社境內還特地製作了一個紀念碑致謝。四周是山川田野環繞，春天有櫻花、夏天有稻米田環繞、秋天還能看到楓葉，店主採用大量季節性的食材，做成道地的家庭料理。自己烘培咖啡，還會做生火腿。在店內聽著主人自己收藏的黑膠唱片，還能聽神話故事。除了經營咖啡廳，現在也有開放民宿體驗。如果想親自體驗在除夕夜時生剝鬼挨家挨戶祈福儀式，歡迎提早預約。

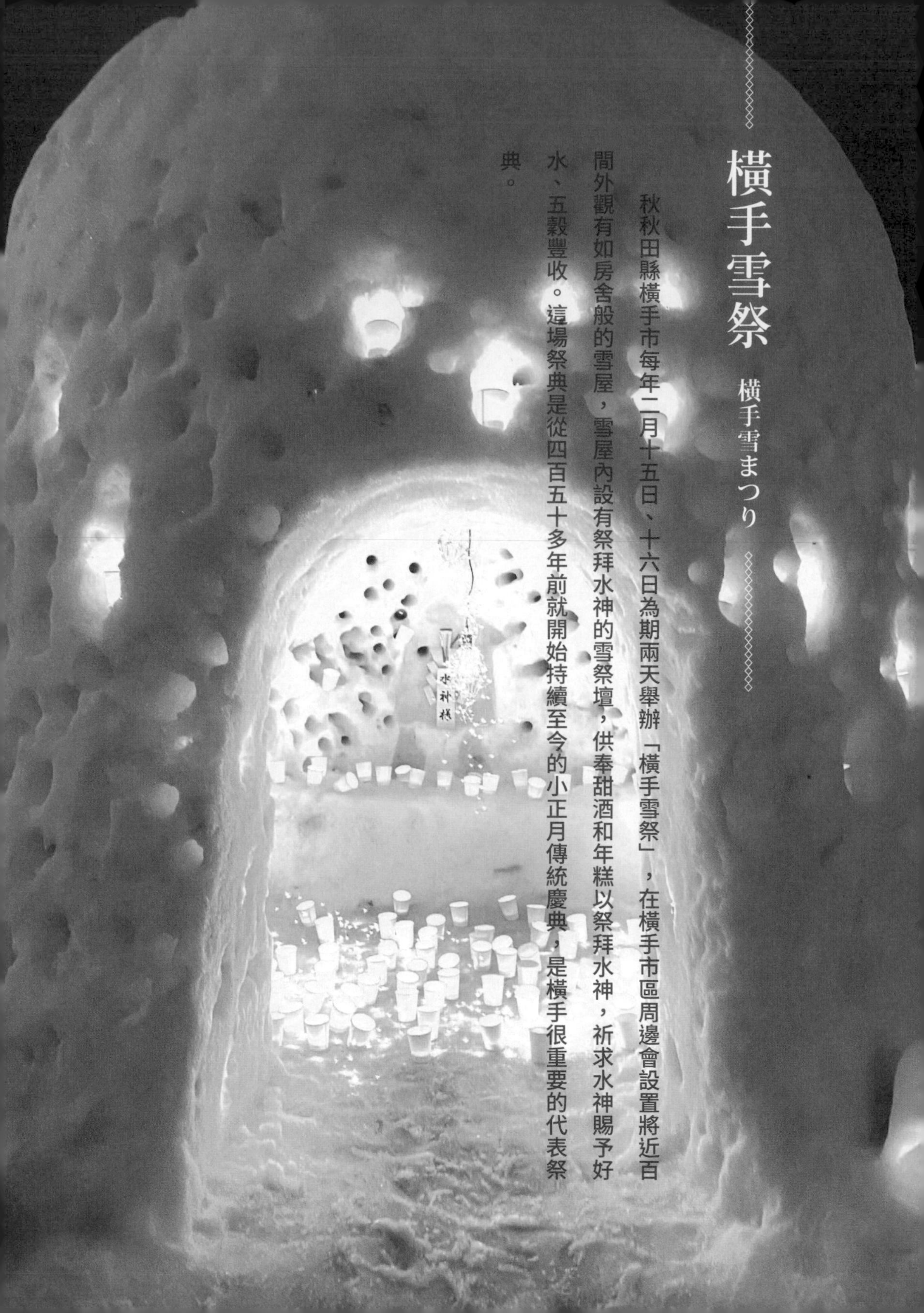

橫手雪祭

橫手雪まつり

秋秋田縣橫手市每年二月十五日、十六日為期兩天舉辦「橫手雪祭」，在橫手市區周邊會設置將近百間外觀有如房舍般的雪屋，雪屋內設有祭拜水神的雪祭壇，供奉甜酒和年糕以祭拜水神，祈求水神賜予好水、五穀豐收。這場祭典是從四百五十多年前就開始持續至今的小正月傳統慶典，是橫手很重要的代表祭典。

橫手地區因為優良品質的水源較少飽受缺水之苦，以往在正月十五日舉辦雪祭，在雪屋內祭祀清水之神以求水神賜予好水。生活中不可缺少的生命泉源，如生活中的飲用水、灌溉用水、防火用水等，特別是在農村裡以水田耕作的農耕民族而言，治水、利水，雨水不夠及水利工程不完備的環境條件，促使農民對於水神崇拜是很重要的信仰。圍繞在這些水神信仰周圍的祭儀活動，透過祭典與神明之間的互動，凝聚眾人的向心力，與自然環境之間密切聯繫的關係。

江戶時期，武士們居住在橫手的內町，舊曆一月十四日夜晚，以雪做成四角型雪屋，在裡面放置門松和注連繩，並且供奉神酒和年糕，祈求去除災難、孩童平安長大。商人居住的外町，舊曆一月十五日夜晚，在水井旁製作雪穴祭祀水神，祈求好水源源不絕。這些習俗

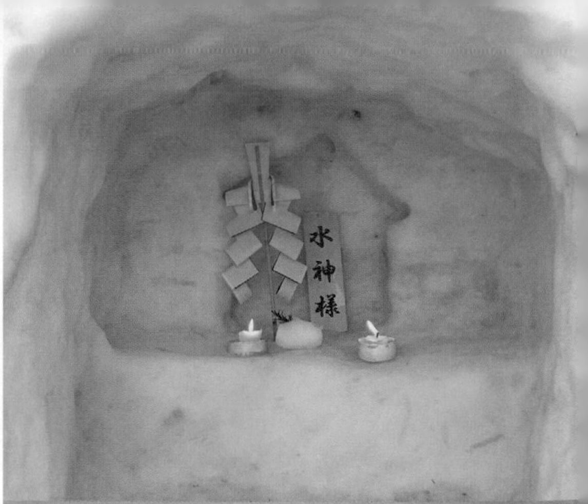

演變至今，成了現今的「橫手雪祭」。大正時期開始製作「雪屋」。外町祭祀水神，內町則祭祀鎌倉大明神。大約於明治三十年前後，以現今「雪屋」裡設置祭壇，祭祀水神的形式開始盛行。

橫手市為一年中有五個月被雪掩蓋的豪雪地帶，稻田被雪覆蓋著，每當冬季過後，雪融化成甘美的水源，用以滋養萬物灌溉作物。今年全日本天候異常，雪況不佳，很多地方沒有下雪，橫手雪祭官方還在擔心，該不會今年是第一次沒有舉辦雪祭的一年，幸好在舉辦雪季的前一週，下了一場雪，還是讓祭典持續下去。

雪祭當天從橫手車站周邊蓋了許多大大小小的雪屋，以橫手市役所為中心，在橫手公園、傳統民宅「木戶五郎兵衛村」等主要景點都會設置雪屋，在祭典當天遇到下雨，看著雪屋們身穿藍色的雨衣真是哭笑不得，心想應該要幫雪屋穿上透明雨衣才對啊。

來到橫手公園會場，重現十六世紀中期的橫手城，可以欣賞到橫手的歷史，最頂層的展望台更是不能錯過，能夠三百六十度展望到市區全景，公園境內種植了三千株以上的櫻花樹，賞櫻季節成為浪漫的粉紅花海，雪祭時雪屋與城跡又是另一種結合宗教與歷史氛圍的美景。

白天前往可以體驗製作迷你雪屋，工作人員在旁協助我們如何製作自己的小雪屋，先用桶子裝滿雪，紮實的壓蓋著，並且在正中央處挖一個洞後，把水桶的雪倒入雪地上，並且挖一扇門，放入蠟燭就是自己特製的獨一無二小雪屋。製作完成自己的雪屋後，工作人員送了我們官方特別製作的紀念別針，寫著「今年沒有雪，但是有雪屋喔」。即時沒有大雪紛飛，還下了小雨，但是每件事會在最完美的時機以最完美的方式呈現。

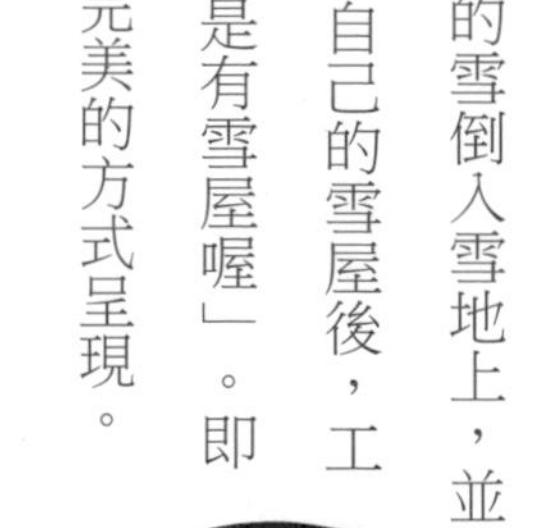

天黑後，又是一種與白天絕然不同的氛圍，搖曳著橘色燈光的雪屋光景，散發著溫暖的光芒，傳來小朋友開心的笑聲。依照傳統習俗，雪屋的主人是小朋友，雪屋內身穿傳統衣的孩童們喊著秋田方言「はいってたんせ(請進來雪屋)」、「おがんでたんせ(請來祭拜水神)」，招呼來往的人們進入雪屋。進入雪屋後，意外的內部很寬廣也很溫暖，大約可以坐五位大人。進入後記得先將賽錢放至祭祀水神祭壇，向水神大人祈求家內安全、商業繁盛、五穀豐收，透過神明的祭祀活動，做為改善水利問題經費。接著，孩童們會熱情的請大家喝甘酒和吃烤麻糬。稻米可以說是日本的靈魂食物，當你喝下充滿小朋友心意與能量的甘酒，身體獲得滋養，心靈也暖和富足了起來。

以橫手南小學校和蛇之崎橋下為中心，放置了數不盡的迷你雪屋裡擺放著蠟燭光火，在黑暗中綻放著光芒相當夢幻，宛如牛朗織女相會的銀河，感受到日本人的貼心牛郎織女相會的日期，從一天延伸至兩天。一同前往的朋友說：「這條浪漫的人間銀河，水神可能沒想到自己會變成一個浪漫咖。」

日本東北地方自古以來被稱為陸奥之國，冬季舉辦的雪祭表現出東北地區獨有的傳統民俗文化和地域特色。陸奥五大雪祭中《男鹿半島生剝鬼柴燈祭・來訪神信仰》和《橫手雪祭・水神信仰》，為秋田冬日限定祭典，來到雪國除了浪漫賞雪外，還能感受到當地傳統民間慶典。

「雪屋祭」和「生剝鬼柴燈祭」都是以小孩為主角。為什麼小朋友和正月傳統祭典有關聯呢？舊年歲神會和小朋友的新年歲神交接，這也是一種輪迴，大自然的循環與我們的生命節奏互相重疊。生剝鬼以神的語言威嚇小朋友，使小朋友聽話乖巧。但是雪屋祭則以小孩進入雪屋中成為神的使者，招待與款待來參訪的客人。「雪屋」做為神的抽象化，而「生剝鬼」則是以來訪神，並且以人界戴上面具作為使者的姿態現身。難怪有一說法，對於雪國的孩子來說「雪屋是極樂世界、生剝鬼則是地獄啊」。透過祭典活動，感受當地留存的風俗與文化。自古以來日本人一直將大自然視為神靈，以祈禱、感謝、守護，一同慶祝歲神的來臨，世世代代傳承的祭祀活動，正月祭典是對於過去一年的感恩以及展望新的一年，若你能寬心享受慶典，由衷感謝大自然的恩惠，新的一年肯定欣欣向榮，八百萬神必定會由衷祝福你。

2

February

きさらぎ

【如月】

冬末寒氣最甚的融雪時期，於是多添加一件外衣，稱為「衣更著」，由於日文發音與「如」字的發音一樣，因此簡稱為「如月」。植物迎接新生，草木吐出新芽，一片生機盎然的景象，也有歡慶之意。

新潟

にいがた

NIIGATA

越後妻有 銀色大地藝術祭

越後妻有 大地の芸術祭

初春 白雪佈滿大地，是新潟限定的沉靜風景，
以里山十帖將生活和自然融和，重新定義心目中的生活方式。
歡慶「越後妻有大地藝術祭 冬 SNOWART」，
順著藝術的足跡流連山野間，藝術在雪白大地上自由調色，
黑夜被施展如夢似幻的魔幻時刻傳來了春天的消息。

歡慶「越後妻有大地藝術祭 SNOWART」

位於新潟縣南端的越後妻有古稱越國，是日本少數的豪雪之鄉，一年當中有很長的時間，處於冰封的雪白狀態，深厚的歷史文化，加上豐富多彩的山河，孕育出代表著日本傳統與自然融合的里山文化。三年一度的夏季越後妻有大地藝術祭於二〇〇〇年開始舉辦，為世界最大型的國際戶外藝術節。來自全世界的藝術家與當地的居民一同創作，以農田為舞台，藝術為橋樑，完美契合人與自然。整個山林成為大人小孩學習和遊玩的場所。重振日益衰頹老化的農業地區，找回地方的自信與認同，以及爺爺奶奶的微笑。以藝術作為循路的路標，終點在於人類與自然共融和諧。

二〇一八年我們參加了三年一回的大地藝術季。但是，不要以為只有三年一次才能來到新潟縣越後妻有參與藝術行程，二〇〇八年開始，大地藝術祭開始舉行冬季藝術展「SNOWART」，活用雪的特性，把雪變成好朋友，活動規模逐年擴大，冬天來到雪國多了唯美浪漫感。

美人林、森林學校 Kyororo

在美人林旁邊有一棟外觀像艘潛水艇的建築物，為越後松之山「森之學校 Kyororo」，Kyororo 是當地特有鳥赤翡翠所發出的叫聲，以森林學校為主軸，活用當地居民的智慧和經驗，累積當地人生活科學，打造出這座森林學校。

隨著四季館內會舉辦不同的特展。夏天來時，展示周遭森林裡的昆蟲與動物，用體驗方式與小朋友互動。冬天建築物埋入雪堆裡，沿著雪壁穿梭延伸至入口處，展示著歷年來，在當地的積雪紀錄。沿著漆黑的階梯，登上館內三十四公尺的高塔，觀察樹梢及越後三山的山巒起伏。夏天一眼望去皆是山毛櫸林與梯田，冬天則是如水墨畫的雪景。

在夏季時最讓我難忘的大自然美景美人林，美人林是樹齡約九十年的山毛櫸林，在昭和初期時，因為大量砍伐，這片山林荒廢後，被遺忘了。然而，山毛櫸幼芽在不知不覺間自然而然成長，現在為自然保育林。夏天來到這裡從停車場步行三分鐘就抵達美人林入口。

冬天來到這裡，疑～入口在哪了？在入口外面的廁所與涼亭也被大雪埋到只剩屋頂。

不習慣雪地走路的我們，穿得自己的鞋，根本是寸步難行，不小心陷入雪地裡的同行友人Poni直呼：「沒事沒事，雪是粉雪，不痛」。

原本顧及安全想往回頭，想不到一群勇士們，為了拍攝冬季的美人林，勇往直前大步邁進，好奇寶寶的我看過夏天的美人，怎麼可以沒看到冬季美景，當然也跟著追向前。夏天的步行三分鐘，冬天可要

步行十分鐘，一到了美人林，大雪埋到地標只露出最上方的字「美」與「新潟」，粉白的雪鋪在美人樹梢上，在太陽的照射下閃閃發亮，真是讓人難忘的景色。看過美人林冬天的雪白大地與夏天的綠意盎然，完全是截然不同的氛圍。

在自然界裡，死亡從來不是一件壞事。去觀察一棵樹經歷四季的變化，每時每刻都在經歷著死亡與新生，老舊的葉片經過冬天優雅地掉落，將它所有的精華都化為新生命的養分。死亡為生命帶來流動的力量，騰出新的空間，讓生命的奇跡得以不斷發生。

農舞台、傳統雪鞋體驗

如果說日本的縮影在新潟，新潟的縮影在越後妻有的話，「農舞台」就是越後妻有的縮影，在此可以感受到越後妻有的精華。

越後妻有一開始沒有美術館，當藝術家想要在當地創作藝術品，必須獲得當地人和地主了解和同意，西元一九九九年俄羅斯的前衛藝術家卡巴戈夫受邀來參與越後妻有大地藝術季創作，看到這片梯田時，腦海中浮現一個與梯田型態重疊的構想。即使梯田的主人已經放棄農耕，但是要在梯田上製作裝置藝術時，還是無法接受祖先傳下來的土地讓外人進駐。最後藝術家對梯田的敬意傳入地主心中。卡巴戈夫的作品「梯田」，促成二〇〇三年在此地設立松代雪國農耕文化中心「農舞台」。「梯田」成為越後妻有的代表作，農舞台位於廣大的稻田裡，四隻腳的白色建築浮在半空中，建築本身便是藝術品，加上放置在城山間五十多件作品，讓這裡的藝術密集度與精采度遠高出其他地區。

二樓餐廳「里山食堂」，提供越後妻有地區自然生產的山菜，以及當地民家的家庭料理。並未講究過於華麗的烹調技法，而是單純呈現出傳統料理鄉土質樸的一面，配上越後妻有出產的白米，以及家常的味增湯，桌上的鏡面反射了天花板的稻田、作物照片，從窗戶探出去，又能看見越後妻有的山景，就是要讓來訪的我們一邊吃，還能一邊看見這些食材源於何處。在窗景外面，能直接眺望卡巴戈夫所創作的作品《梯田》。

在雪白大地上，尋找草間彌生所創作的戶外藝術品《花開妻有》卻尋找不到。原來，為了防止大雪壓壞作品，因此花被拆解收藏起來。等待春天來臨，春暖花才會開，再重新組裝。

雖然看不到作品，但是可以參與體驗越後妻有大地藝術祭冬季限定活動「松代鄉傳統雪鞋體驗」，我們穿上傳統雪地特有的步行鞋具，用竹編編織而成的雪鞋，透過大面積的竹編底部與雪接觸，可以將人體重量分散以避免在行走時陷入雪中，穿上雪鞋便可以在雪地散步，短暫地體驗雪國人冬天的戶外活動，我們爬上山坡上，像小孩一樣坐著雪板滑下，雪地上迴盪著我們的笑聲。

我們步行到「松代鄉土資料館」，館內介紹松代區域過去居民的生活點滴，以特有的十公尺欅木大黑柱支撐主體建築，可承載厚重的大雪，內部仍保留著當時的爐灶、客廳及茶水間。看到溫暖的燒水區，我們馬上把雙腳伸出來烤火。當地居民捐贈約二千件民具，展示著每一個季節的收藏品。冬季展覽主題為古民家的記憶展，內容為松代地區早期的生活用品，以及當地居民因為豪雪不能出去玩時，在家裡可以玩什麼遊戲。

導覽員告訴我們家家戶戶流傳著傳統遊戲，請每一位參與者拉住一條繩子，有拉到錢幣者，就是新年最幸運的人。疑～這不就是現代版的抽捧花遊戲嗎？

天黑時分，前往十日町市中央公民館，為了欣賞光之藝術家高橋匡太的作品，以燈光效果投影於公民館外牆。幸運的我們在公民館遇到了藝術家本人，瞬間我們成為瘋狂的粉絲，一直要簽名與拍照 。為什麼

大家這麼興奮呢？因為我們這次行程的重頭戲就是「SNOWART 雪花火」。煙火的創作加上雪地上光之花畑的創作發想，都是來自於高橋匡太，看著害羞又可愛的高橋先生，我們更加期待「SNOWART 雪花火」。

清津峽

日本三大溪谷之一「清津峽」，透過全長七百五十公尺【清津峽溪谷隧道 Light Cave】改造計畫，活化既有舊事物，創造新價值，讓來訪者重新感受大自然之美，發現峽谷陡峭的柱狀節理壯麗風景。二〇一八年三年一次越後妻有大地藝術季，邀請全球最具創意建築團隊之一的 MAD 建築事務所，在創辦人馬岩松重新規畫下，以金、木、水、火、土等五行自然元素結合下，成為超現實的絕美「光之隧道」。

「木」元素：鄰近隧道入口處，新建了一座木屋，高聳的斜屋頂設計，為了防止冬天積雪壓垮建築物。建築物一樓是紀念品商店及咖啡廳。二樓為溫泉足湯，以潛水艇的概念在屋頂開了圓形天窗，並且置入鏡面，將戶外的峽谷及水流反射至空中，成為了天上的河流。

「土」元素：進入昏暗隧道中，不同色彩的燈光，搭配玄妙音樂，隧道的神秘氣氛，勾起人們對於未知的好奇心、想像力被無限放大。

「金」元素：位於第二觀景台，佇立著巨大的橢圓形金屬滑面物體，原來是一處洗手間，單面透視鏡使得只有在裡面的人才能看向室外。

「火」元素：位於第三觀景台，牆壁上裝了多面以紅光顯示的水滴狀鏡子，在現實與超現實兩極之間，尋找自己與他人的定位。

「水」元素：抵達隧道盡頭，置放了鏡面水池，在倒影反射下，半圓形隧道洞口形成擁有完美弧線的圓，洞頂牆壁鋪設的磨砂不銹鋼板，將外面的四季天空與山景變化反射到隧道內部，模糊了內外邊界。置身前方與另一個自己玩著充滿超現實感的影子遊戲。

越後婆婆家吃午餐「雪見御膳」

來到當地村落長輩家享用午餐，一同慶祝冬天的結束，並且迎接新的一年。一進到家門，婆婆們準備了許多新年活動，邀請我們到客廳，給我們許多「繭玉」的裝飾品，讓我們掛在屋內天花板掛垂下來的樹枝上，裝飾在樹枝上頭，是日本新年常見的裝飾物，作為五穀豐饒、家內平安的祈願，原來是產米地區的傳統。據說也在興盛養蠶的地區生根，當地以糯米當繭，繫於樹枝上做成裝飾。阿姨們跟我們說，掛越多今年會越幸福，因此我們很開心地佈置著裝飾品祈求幸福。

妝點家內迎新年後，來到戶外與當地帥哥們一起互動搗麻糬。日本新年時會將蒸好的糯米飯搗成麻糬，講究陰陽氣合之妙，提打木杵的一定是一家之主，手抹冷水翻動熱麻糬的多半是女主人，或是有默契的親友。合力用木臼搗麻糬，配合著韻律有致的呼喝聲，沾著準備好的麻糬配料，包括醬油、黃豆粉，打出來的

顯然不僅是麻糬，還有代代傳承下來迎接新的一年的傳統。

雪國飲食體驗，雪見御膳重現在地居民冬日宴客的歡樂場景，由一群活力十足的爺爺奶奶準備。一年有長達六個月覆蓋在白雪當中的新潟十日町，從十一月至隔年五月，冬季時提供山菜、野菇、地酒、漬物等在地料理，多半屬於「醃製保存食」，意指可以長時間擺放而不會腐敗的料理，共有九道料理。日本婆婆熱情地前來加菜、加酒，酒杯從來沒有空的一刻。在當地有個挺有趣的傳統已經流傳三百多年，每年小正月都會舉行丟女婿活動，由新娘的兄弟將新郎扛上小山坡，並且往五公尺下的空地丟下去，為了祝福新婚夫妻白頭偕老。

雪創造的藝術奇蹟

從二〇一〇年開始，以「Gift for Frozen Village」為主題，在雪地上以花火傳送期盼春天來臨的心願，並且邀請來訪者一同在大地上種下發光的 LED 燈管，讓光之種子在雪原上開花，在隆東的銀色大地中施展光之魔法，綻放一夜花田，迎接春天的來臨。

接近夕陽下山前，我們抵達越後妻有雪火花藝術會場，來到雪地最高點，等待夕陽下山，在這片大地上，雪地是最迷人的畫布。太陽的金黃色光芒灑落在雪地上，映照著藝術家高橋匡太設計的光之花畑，沿著光之花畑雪地小路，我們將光之種子埋藏在花畑裡，並種下心願，等待晚上一齊綻放於大地。隨著天際從橘紅逐漸轉為黑夜，等到黃昏接近夜晚之際，太陽即將落入地平面時，黑夜抹去那最後一道金黃色光束，整個世界進入黑暗的瞬間，突然另一個魔法施於大地，光之種子的光芒齊放於黑暗大地，宛若充滿生機的光芒，在雪地上逐漸燦爛繽紛。

夜空中如漆黑色畫布，冬天的煙火滿懷對春天的盼望，於晚間七點噴灑了五千多發的高空巨型煙火點亮天際，最後一刻的驚喜為有史以來最大規模的三尺玉綻放於夜空，照耀得有如白晝一般明亮，煙火與繽紛大地「光之花畑」的絢爛光芒相互輝映，交織出浪漫的光之樂章。藝術家在大地上，用無形的藝術創作，創造出令人驚豔的絢爛色彩，這一刻短暫卻浪漫的魔幻時刻卻永生難忘。

美好一日、浪漫一日、歡笑一日、日日是好日

感謝藝術家「高橋匡太」於夜空與大地上施予魔法，創作出浪漫的回憶，當想象力、行動力、意志力，一起迸發，並且變成了愛的凝聚力。

*享受旅行、美食與設計，簡單來說就是讓雙眼與身心靈都浸在美的事物中，傳統與現代完美結合，自然與藝術便是驗證美不受時間與空間限制的最佳範例。

里山十帖

「穿過縣界長長的隧道，便是雪國。夜空下一片白茫茫。火車在信號所前停了下來。」

～《雪國》

出隧道後彷彿來到另一個時空，一片白雪茫茫，窗外的風景像似水墨畫，雪國到了。

位於新潟縣南魚沼市大澤山溫泉，是連當地人都鮮為人知的小眾溫泉區。這個被數據宣告一定失敗的飯店，是如何運用「設計思考」達到開業三個月住房率百分之九十？

在台灣閱讀著『地方創生╳設計思考：「里山十帖」實戰篇』，由日本知名雜誌「自遊人」創辦人兼總編輯岩佐十良，把自己的實戰經驗呈現出來。在數據顯示不可能開得成的地方開旅館，如何以編輯的眼光與創業的直覺，打造出地圖上吸引人的美麗地標。

岩佐先生說：「不管在任何一個地方，只要你稍微從不同角度眺望它，就能不斷挖掘出地方魅力。但對於把地方當作日常生活一部分的當地人，卻時常會忽略這樣的魅力。假如從事觀光事業的又是當地人，就更難把這些隱藏版魅力宣傳出去。」

在既有的事物上，不斷發想及創造。刻劃出每個人心中對於山野生活的渴望，融合自然環境，以設計打造美學空間如同一朵盛開的花隨著四季綻放出不同光芒。以十大主題打造新生活風格旅宿。改造百年歷史的古民家，大膽置入設計家具與當代藝術品，取消過度服務，還給賓客清靜自在的真實體驗。

主建築迎賓大廳的主題是老建物與新創作的共存。以傳統工法和建材精心修復，櫸木、松木樑柱榫接成的建築結構至今堅實屹立，塗漆後煥發光采照人的全新面貌，並應用最新的隔熱工程技術，一改古民家不防寒的缺點，在傳統住宅中放進現代家具，打造究極舒適的生活空間。以進入挑高十公尺高的玄關，迎接我們的是巨大的藝術品，東京藝術大學出身的彫刻家大平龍一的作品，以樟木雕成的福小槌，在底下有福神大黑天鎮座著。

以老舊旅館改建，因此館內沒有電梯，服務員協助我們把行李抬到房間內。我們興奮地到其他朋友的房間參觀，打開每一間房瞬間就像是驚喜包一樣，大家呼聲不斷。旅館內僅有十三間房，客房的主題是再利用，即使是簡陋的建築，也可以重生，並真正地被使用。打破對於鄉下古民宅的印象，每一間風格和佈置景致各異，但共通點是融合傳統混搭當代設計師的家具作品，創造串連今昔歲月的迷人空間。在每間客房設置了電熱毛巾架，供客人烘乾濕毛巾，不過度更換毛巾盡量達到節約能源。只是經過稍微整修的木造建築，因此震動噪音並無法完全消除。服務人員會提醒大家，記得放低音量喔。旅館內使用的備品追求看不見的安全性與舒適性。比如說羽絨被，使用的是法國製造的艾德雁鴨羽絨被，選用的最大理由就是羽毛的安全性。棉被與我們肌膚每天長時間接觸，水鳥在什麼環境長大？怎麼被加工？這些因素都會影響到羽毛的品質。客房中放了各式各樣的椅子和沙發，床和寢具也都是精挑細選的精品，從家具到料理幾乎都可以買得到，旅館本身就是體驗式媒體，用五官親自感受後，將旅行中的美好帶回生活日常。

食是里山十帖的原點，由米其林三星主廚北崎裕主導自然派和食餐廳 Organic&Creation 早苗饗，以地產有機米、野菜、發酵食和日本酒為主要食材，以日本傳統食文化，回歸自然有機生活。早苗饗意指插秧結束後，為感謝當年豐收及招待幫忙插秧的協助者，所準備的饗宴。料理主題即是「冬季蔬菜與雪國的飲食文化」。

冬季的蔬菜只有一種，那就是根莖類，白紅蘿蔔、蕪菁、芋頭等等，如何活用這些材料做出各種百吃不膩的料理。將近半年都被大雪封閉的雪國來說，山菜是極為珍貴的食材和資源。重視食品安全性與食材味道，使用的蔬菜、米、調味料等，基本上都來自肯露臉的生產者，注重生產者的透明化。自己熬煮昆布高湯，使用傳統製法的無添加調味料，只希望能提供美味又愛護地球，對身體健康的好料理。料理用的山菜都是自己種植，抱持著對大地滋養的感謝，將在地有機的天然食材佐以真誠，傳達對山林的謙卑與敬意。

主食是白飯，日本米中的精品越光米，新潟縣魚沼則是越光米最知名而優秀的產地，尤其是南魚沼出產的米，更是精品中的精品，由於水質純淨和土壤豐厚的關係，米粒更是飽滿圓潤，滋味香甜。

為什麼主食是白飯呢？岩佐先生說：「若想營造最強烈的感受，最有效的方式就是實際請對方吃一次好吃的米飯。先刺激他們的右腦，讓他們覺得好好吃，再讓他們的左腦開始思考，為什麼這裡的米飯這麼好吃，香氣十足，Q彈有勁？就可以觸發民眾對於米和農業的關心。」

剛蒸出來的白飯，像塗上油一樣，晶瑩剔透發亮著，好吃到令人難忘，米香在每次咀嚼中綻放，吃飽後立馬前往賣店買了一包米帶回家。

旅宿有日本第一絕景露天溫泉美名，在泉池中仰望瞬息萬變的天空與山嵐，一邊眺望身旁雪花飛落，旅途的浪漫莫過於此。

十帖故事，主要並非靠硬體呈現，而是訴求心靈層面，只要親身感受其一之魅力，故事就留存在心上。

第一帖「食」：食是里山十帖的原點，由米其林三星主廚北崎裕主導自然派和食餐廳早苗饗，以地產有機米、野菜、發酵食和日本酒為主要食材，回歸日本傳統食文化。

第二帖「住」：百年的木造古民家，以傳統工法和建材精心修復，欅木、松木樑柱榫接成的建築結構至今堅實屹立，應用最新的隔熱技術，一改古民家不防寒缺點，打造舒適的生活空間。

第三帖「衣」：登錄非物質文化遺產的新潟傳統麻織物越後上布、庶民棉織物龜田縞，以當代設計重新發想全新樣式，為里山十帖的旅宿空間增添一則值得細品的在地故事。

第四帖「農」：以稻田農作體驗實踐農場到餐桌的理念，深入了解地產地銷的永續精神。

第五帖「環境」：里山十帖隱於視野絕佳的僻靜一隅，居高一覽雲霧迷離的起伏山巒、沿坡闢成的稻田、蓊鬱的青青山林和六座巍峨名岳，隱遁其間，感受與自然共生之樂。

第六帖「藝術」：將旅宿空間打造成啟發靈感的里山藝術計畫，在空間展示藝術和設計，以無處不在的美滋養創意和感性。

第七帖「遊」：從都市至山野，轉換大都會喧囂至清幽靜寂的大自然，放眼望去以山毛櫸林、雲海、樹冰等壯麗風景環繞。

第八帖「癒」：坐擁日本第一的絕景露天溫泉，能感受到四季更迭裡交織出的自然印記。

第九帖「健康」：回歸自然的有機生活能帶來真正的健康。

第十帖「聚集」：以活動將旅人和在地居民齊聚一堂，共享南魚沼的生活之樂。

新潟有三好：好米、好酒、好男人

想要培養好男人，就把男人送來「雲洞庵」磨練一下。

金城山雲洞庵創建於西元七一七年，藤原鎌足的孫子藤原房前公的母親出家因此與庵結緣，從金城山湧出的靈泉，拯救了許多病人，因此以治病靈泉聞名。母親過世之後，藤原房前公在此地帶來了藥師如來，為了祭拜母親的菩提，因此建立金城山雲洞庵。在戰國時代因名列越後四大寺院而香火鼎盛。

由赤門往內走至本堂的参道，石板下埋藏玄機，過去達官貴族將刻有法華經的石頭埋到地面下一公尺處，全長八十公尺的参道，總共埋有七萬個經文，走在参道上，等於罪業消滅、步步祈福。冬天因為豪雪因素，赤門不開放。

進屋前，看到鞋櫃上，貼著照顧腳下的禪語，即是在日常生活中實踐禪宗思想，也就是腳下留神。冬天走在木板地上真的很寒冷，進入寺院後馬上就看

到治百病的長生水湧泉，喝了幾口純淨冰涼的山泉水後，感受身體被滋潤著。

這裡也是栽培戰國時代第一好男人直江兼續的禪寺，出生於雪國的直江，自五歲時與主君上杉景勝，一同前往越後第一禪寺「雲洞庵」，學習四書五經與中國古典。個性堅忍執著，藉由高深的聰慧與正確的判斷，贏得多場戰役。在唯利是圖、弱肉強食的戰國亂世中，卻出現以慈愛之心憐憫眾人。他在盔甲上裝飾了愛字，以愛為出發點，正是通往實踐義理的重要途徑。大家一聽這裡是培養好男人聖地，異口同聲說：「可以把老公留在這裡好好磨練一下嗎？」

來到了坐禪堂，這裡以前是著名的修行道場，從全國各地大批的修行者聚集在此接受嚴格的修行，每位修行僧一人有一塊塌塌米大小的空間，在那個小空間以坐禪為中心，而用餐與就寢也是修行的一環。現在也可以預約體驗坐禪。觀音堂安置當地三十三觀音之千手觀世音和百體觀音。走到了客殿這裡真的好舒服，可以眺望鐘樓堂與佛舍利塔，冬天粉白雪景，讓心境自然沈澱下來。

好酒聖地「魚沼之里」

中午時分我們來到魚沼之里園區，走進長森蕎麥麵店，這裡的蕎麥麵全是自家製，光是麵體的選擇就有三種，一種是以二分麵粉及八分蕎麥粉製作的二八蕎麥，以及百分百由蕎麥粉製作的十割蕎麥，而最特別的，是盛行於新潟地區，加入布海苔一起揉製的蕎麥麵，顏色呈現淡綠色，而口感也因藻類的黏性變得滑順且有嚼勁。加上冬季限定的鴨肉鍋，搭配當地知名酒廠八海山的三種清酒，以佐餐酒定位，不讓餐點美味受到干擾，真是美味十足。

雄偉的越後三山包圍著廣潤的魚沼盆地，越後三山是八海山、中之岳以及越後駒之岳的總稱。八海山自古作為當地人的信仰對象，並且被稱為是靈峰。八海山山系地層的伏流水源，被稱作為雷電樣清水，一天達到四百噸的水量自然湧出，來自靈山自然過濾的天然軟水，質地清澈水質柔軟，在一九八六年六月被選為新潟縣指定名水，也用於水稻培植與民間水源。

因為有靈山好水，種植出好米，因此釀造出好酒的知名酒廠八海釀造的銘柄「八海山」，正是以靈峰命名。八海山園區內除了清酒、燒酎、精釀啤酒以及近年很受女性消費者喜愛的甘酒等產品廠房，還有餐廳與咖啡店等等與雪室，合稱為魚沼之里。園區內復興了雪國新潟地區古老智慧，傳統的食材貯藏方式，也就是天然的冷藏庫稱作為「雪室」，在冰箱尚未普及之前，雪室扮演冰箱的角色，利用雪室冷藏夏季收獲的蔬果、魚獲保持長期的新鮮度。據說在日本最古老歷史記載日本書紀裡就有記錄。昭和三〇年代之前（西元一九五〇年），在新潟縣還有約六十座雪室存在並且使用著，隨著冰箱普及後，雪室也逐漸消失了。由日本建築師星野時彥所設計冰室型雪室，每年大約二三月將積雪堆在空間中，利用千噸的雪所產生的冷空氣去封藏食物。常年保持著三至五度左右的均溫，終年不需要空調，相當符合現代綠建築概念。

參觀完雪室後，我們來到試飲區，純和的酒質中，帶有經由靈山聖水庇佑下，恰到好處的豐富味道。這裡的梅酒很醇厚，喝了以後喝其他品牌梅酒都覺得有點太稀了。有一款酒很特別，名為「面向未來 粕取燒酎」屬於客製化打造，在酒標上寫上自己的名字與留言，可以自己決定要把酒存放在雪室多久，最長預約五年，指定時間到了會寄送給你，成為最美的驚喜禮物。如果不喝酒的也可以品嚐酒粕霜淇淋和酒粕蛋糕，香濃酒粕甜而不膩。

時間在這裡靜止了，圍繞在你身邊的，只有山林、河谷、梯田與農村，還有芬多精滿滿清新空氣。

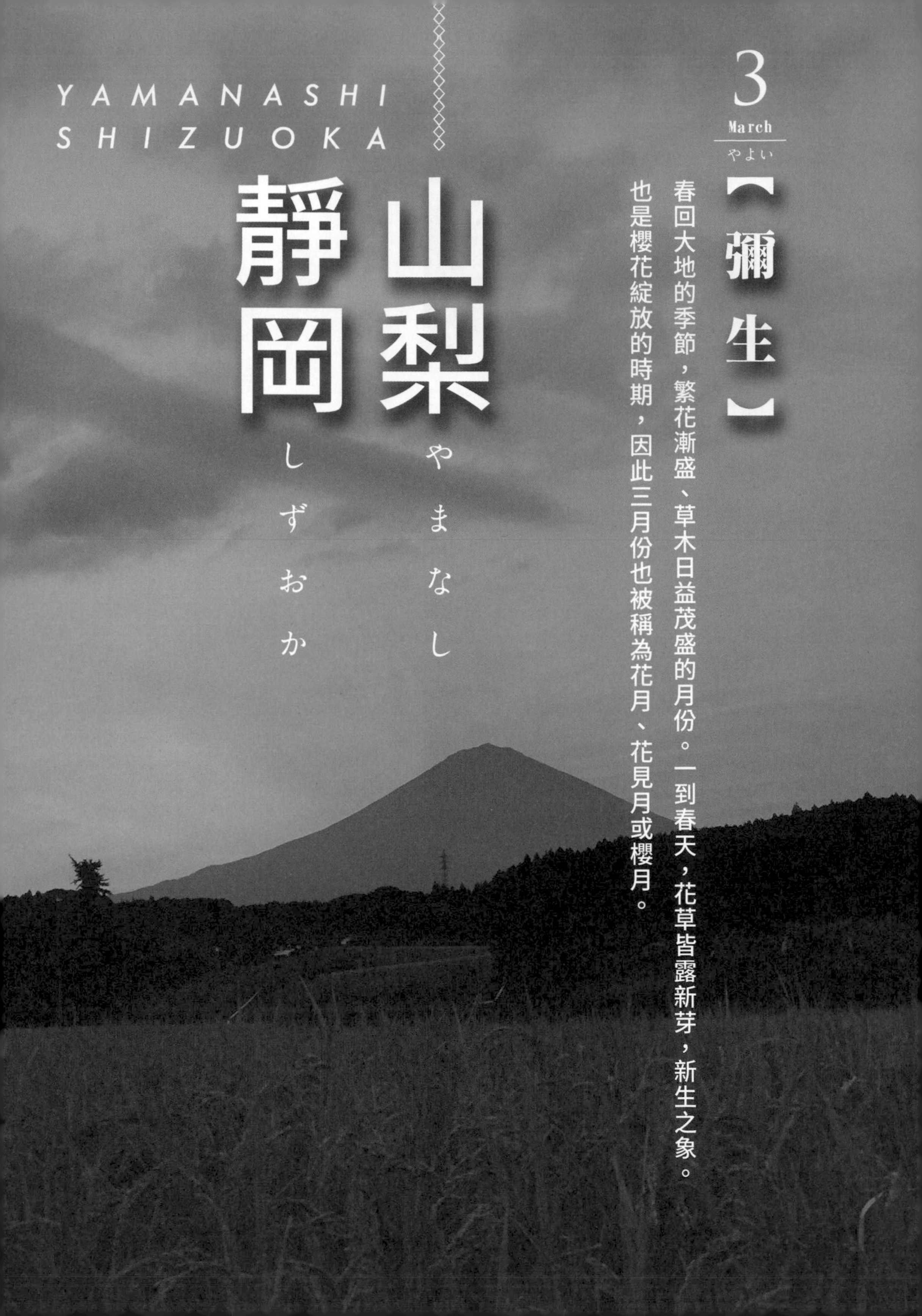

YAMANASHI SHIZUOKA

山梨 靜岡

やまなし しずおか

3 March やよい

【彌生】

春回大地的季節，繁花漸盛、草木日益茂盛的月份。一到春天，花草皆露新芽，新生之象。也是櫻花綻放的時期，因此三月份也被稱為花月、花見月或櫻月。

療癒心靈 富士靈山

太陽初升時散發出鑽石般的光芒，
夕陽餘韻照耀下呈現紅色赤富士，
生命源頭誕生的能量照耀著聖岳，
展現了強大的靈性，八百萬諸神所祝福的大地能量。
只是望著山，也能讓我們回歸到中心。
當人的心靈變美，人們開始聆聽來自內心世界的聲音。

山岳篇

富士山 登拜

日本第一高峰富士山對日本人來說是非常神聖的存在。身為日本自古以來信仰的對象，富士山影響了日本人對於自然界的看法。火山噴發和溶岩流出活動頻繁，人們僅能仰望山頂遙拜。火山爆發情況逐漸平息後，富士山做為日本古有的山岳信仰和外來佛教結合後的修驗道場，修行者以山頂為目標進行登拜。隨著時代的演進，一般的信徒也開始以山頂為目標進行參拜。

富士山駅 -> 北口本宮富士淺間神社 -> 五合目星観荘

現在富士登山道唯一僅存的古道「吉田口登山道」。從富士山車站為起點拜訪日本第一高峰富士山，海拔為三七七六公尺，並且環繞火山口一周，稱為「鉢巡」。

從富士山車站出發，前往金鳥居為通往富士山神山的大門，建立於一七八八年，如今的金鳥居是一九五五年重建。天氣好的話，可以從金鳥居直接眺望到富士山。沿著金鳥居一路向上走，行經過御師舊外川家住宅供遊客參觀，御師住宅在富士山信仰興盛時期，在這條街上曾多達八十間以上。御師的工作除了在富士講信徒登拜富士山時，照顧安排登山者的住宿用餐，平時也進行富士山信仰的傳道活動和祈禱。

北口本宮富士浅間神社

抵達吉田口登山道起點北口本宮富士浅間神社，則是昔日登上富士山高峰的必行登山口，進入明神鳥居入口前，抬頭看到明神鳥居上掛著「冨士山」的石製匾額，疑～為什麼富士山的富少了一個點呢？帶著疑問，低頭行禮，穿越鳥居後，長達二百公尺的距離，兩排樹齡高達八百歲的杉木林立綿延，石燈籠並排而立。

穿過第二鳥居稱為兩部鳥居，匾額上寫著三國第一山，表示富士山在當年雄冠群山的氣勢。「鳥居」意味著結界，結界的存在是為了讓心境從俗世切換到神聖。透過穿越鳥居的動作，把俗事煩惱留在外面，讓思緒變透澈，踏入神聖的空間，向神明祈禱訴說願望。

穿過神域的結界，進來後，別忘了入境隨俗，先淨身靜心漱口一番。守護在拜殿兩旁的是千年神木，左側為富士太朗杉。右側是樹幹分岔為二稱為富士夫妻檜。從入口處開始可以看到高達三公尺的「大松明火炬」，與狀似富士山的「御山神輿」神轎。原來每年八月二十六日與二十七日由北口本宮富士淺間神社與諏訪神社所舉辦的鎮火大祭稱為「吉田火祭」，則是為了祈求鎮壓噴火的富士山神靈及消除整年厄運。

根據北口本宮富士浅間神社的紀錄，景行天皇的皇子日本武尊東征時，來到「大塚丘」，從此處遙拜富士靈峰。因此當地人在此地蓋了社殿，祭祀浅間大神與日本武尊。延暦七年（西元七八八年）甲斐守紀豊庭在大塚丘的北方建立社殿，浅間大神也就移至現在北口本宮富士浅間神社之地，大塚丘依舊祭祀日本武尊。

古老傳統是禁止凡人進入神靈所居住的聖地富士山，因此只能遙拜祭祀御神體富士山。平安時代山岳信仰普及，在各地以登山為修行方式的修驗道廣為盛行，因此逐漸發展成以山頂為目標的登拜方式。大寶元年（西元七〇一年）役小角為第一位登上富士山並且以修行為目的修行者，並且成為修驗道的開宗始祖。

天正五年（西元一五七七年）藤原角行師登山，據說在富士山及洞穴修行獲得感觸後，成為以信仰富士山為宗旨的江戸富士講的開宗始祖，讓登拜富士山盛況達到高峰。

對於日本最高峰富士山有著相當虔敬的信仰，火山噴發提高了對於聖山的敬畏之心，為了祈求富士山不再噴發，祭祀靈山與鎮守於富士山上的神明稱為「浅間大神」，遙拜祭祀的神社則稱為「浅間神社」。

擁有一千九百年悠久歷史，神社內敬奉主祭神為富士山女神「木花開耶姫命」御神德為安產與火防，為天孫瓊瓊杵尊的妻子，在猛火中順利產下三柱皇子，在女性中以祈求戀愛圓滿和保佑安產而聞名。為藝能之神、酒造之神、養蠶之神、水之神、交通平安之神，為連結萬物之靈力的產靈神。

第二位主祭神為天孫「彥火瓊瓊杵尊」帶著三種神器降臨於日本之後，遇到木花開耶姬命宛如櫻花一般美麗的女性，一見鍾情後便向她求婚。和富士山女神有強烈的羈絆連結成夫婦神，以祈求夫妻幸福、家庭圓滿之靈驗而聞名。

第三位主祭神為「大山祇神」，木花開耶姬的父親，為眾山之山神。與夫婦神共同祭祀，以守護家族圓滿。當天孫要娶木花開耶姬時，山神父親很大方的娶一送一，把姊姊磐長姬命一起陪嫁。天孫卻因為姊姊長得不好看因此退還。父親難過的告訴天孫：「磐長姬命一如其名擁有永生的力量，然而你卻只要美麗的木花開耶姬，你的子子孫孫壽命必定不長久。」

因此，人類喪失了永恆不朽的生命，但卻有欣欣向榮開花的能力。花與岩石即剎那與永恆。跳脫時間的維度來看，在有限得生命裡，創造出璀璨。

北口本宮富士浅間神社因為是昔日富士山登山道吉田口出發起點，因此以保佑登山客安全著名。富士山開山時，登山客們一定會來到神社，祈求平安登頂成功。帶著富士山女神的祝福，我們開啟富士山最古老的神聖參拜之旅。

富士登山道唯一僅存古道「吉田口登山道」

北口本宮富士浅間神社境內後方，為吉田口登山道的起點又稱為登山門。沿著看板指標繼續往前進，境內後側步行會看到大塚丘，日本武尊東征之際時，從此處看到美麗廣闊的山林，並且在此處遙拜讚嘆說：「富士山從此處眺望真美」。在以前這一帶，沒有任何樹木，因此被稱為「草山」。

從大塚丘對面可以看到吉田口遊步道的看板。沿著指標走，會看到吉田口遊步道，蔓延無盡的森林步道稱為諏訪森，步行於森林裡，往右邊望一大片草地為「富士吉田市立諏訪之森自然公園」，江戶時期徳川吉宗派遣全國植物學家，來到這裡栽種藥草園，栽培藥草五味子，並且以鹽漬方式奉獻至江戶幕府。在左側森林中有「雪中山篭記念碑」，在對面有一條山路，往前進可以看到以前為富士

八海之一泉水處，也是登富士山「富士八海巡禮」行場之一，這裡是進行「水垢離」參拜前淨身的重要場所。在這裡湧出的泉水稱為神聖的御靈水，以前北口本宮富士浅間神社手水舍的水就取至於此地。可惜的是現在湧泉處已經被埋起來了。

繼續往前走，就會抵達中之茶屋，中之茶屋稱為遊境或者是幽境，在日文發音裡都是ゆうきょう。為此世和彼世之間處，從這裡開始進入富士山的聖域，中之茶屋為北口本宮富士浅間神社和馬返的中間處，在中之茶屋休息片刻後再出發。在茶屋對面可以看到許多登山紀念碑，看著設置登富士山三十三次紀念石碑，感受到登拜富士山信仰的悠久歷史。經過中之茶屋後，道路兩旁的樹木林立，在夏天會看到杜鵑花，大約步行一小時距離抵達大石茶屋。經過大石茶屋後，漫步於森林小徑裡約三十分鐘後終於抵達海拔一四五〇公尺處的馬返入口。六月至十月會設置臨時洗手間。

從山底到山頂區分為草山、木山、燒山三個區域，馬返為草山和木山的境界，從這裡開始為信仰領域。此處取名為「馬返」，正如漢字的意思，從這裡開始為險峻登山道，騎馬者也得下馬，必須靠自己的雙腳徒步前往富士山頂參拜。

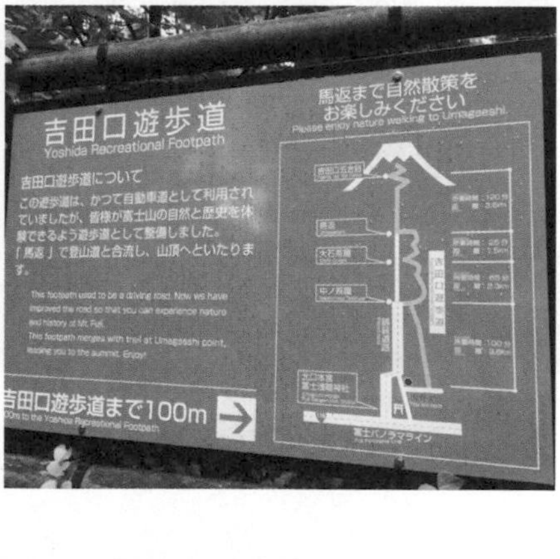

經過馬返處會看到山小屋「大文司屋」，每年七月初至八月底會設置休息處，供應免費茶水服務，最重要的是提供索取富士山登山認定書，只要您是從馬返出發，並且抵達富士山山頂拍照，可以獲得由富士吉田市長所頒發的富士山登山紀念證書。

往上走會看到特別的石造鳥居，左右一對合掌猴子雕像為富士山的使者。傳說於「庚申年」富士山在一夜湧出，而那一年為猴年，因此猴子成為富士山的使者。「庚申年」則為富士山的緣年，在那一年前往富士山登拜的話，等同於登拜三十三次。下一次的「庚申年」為二〇四〇年。

經過鳥居後，看到富士山禊所的石碑。以前的登山者進入富士山前，要在這裡淨身淨心後才能踏入富士山聖域。現在僅存基石和告示牌。

經過馬返後，走在登山道約十五分左右會抵達海拔一五二〇公尺處的一合目。

位於一合目有一間木屋稱為鈴原社，是西元一八四〇年所蓋。在十六世紀時有一間鈴原社寺廟，恭奉大日如來、富士山之神、浅間大菩薩。然而大日如來現在安置於富士吉田市上吉田法師家裡。

一合目至二合目大約兩公里，位於海拔一七〇〇公尺處的二合目，有一間富士御室浅間神社，這附近山中稱為女人天上，明治以前富士山禁止女人參拜，女性只能攀爬到二合目御室浅間神社參拜。昭和四十七年本殿移築至富士河口湖町勝山之里宮，現在僅存拜殿。

抵達海拔一八四〇公尺處的三合目能看到小木屋遺跡，以前這裡是登山客休息吃午餐地點，稱為

中食堂或者是三軒茶屋。過了三合目為陡坡，在這裡可以看到剝落的地層和隆起的岩盤，原來是二萬年前富士山的原型，古富士火山活動時，形成包含火山碎流的泥流。

終於抵達海拔二〇一〇公尺處的四合目，在這裡有一間名為大黑小屋的茶屋遺跡，以前祭祀著大黑天。往上走能看到山中小屋遺跡，就抵達四合五勺，在這裡有完整的御座石浅間社遺跡和井上小屋遺跡。在御座石浅間建物遺跡左邊能看到大塊岩壁，岩壁則稱為御座石，也意味著神靈降臨於大石裡，在以前可是信仰奉拜對象。由於連結河口湖至富士山五合目吉田路線的人氣收費公路開通後，從一合目至五合目以下的山中小屋與茶屋還有神社逐漸少了登山客來訪，因此現在僅留下荒廢的遺跡，與那段參拜盛事歲月的痕跡

五合目的登山道有很多突出的溶岩要注意小心慢走。五合目下方處稱為中宮，在富士山的中間部分祭祀著「中宮三社」，即是木山和燒山的境界也稱為天地境。以前這裡為入山收費站的地方稱為

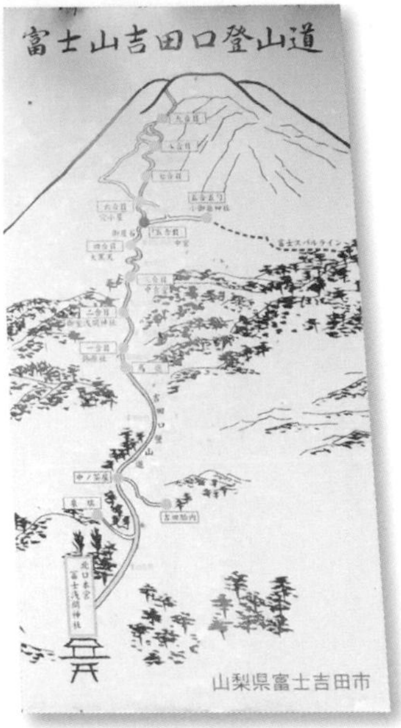

「中宮役場」，在這裡繳交二二三文入山費。用於登山前的祈禱費用，木杖費用與役行者堂的護摩代參拜費用，加上九合目石橋修繕費用等等。收據為一張「登山郵票」。

進入林道後就是石階，隨後立即進入產業道路，再穿越登山道，正在懷疑自己迷路時，看到吉田口五合目佐藤小屋，終於抵達五合目。天氣瞬間從晴天變成狂風天，刮著超大的風，走在路上抵著強風前進，一個瞬間同行夥伴的帽子被風吹走，用著僅存的體力往回追帽子。終於在轉個彎上坡處，看到位於海拔二三二五公尺處今晚入住的山中小屋「星観荘」。

山中小屋「星観荘」

聽山中小屋主人說，今天五合目至山頂上天氣刮著狂風並且下雨，但是我們一路走來，沒有炙熱的太陽，時而藍天時而陰天，走在林道裡天氣好舒服，只有在最後五分鐘，快到住宿地點前感受到狂風下雨。真的是感

謝老天爺、大地與富士山女神的保佑。

從山中小屋眺望美麗的夕陽與雲海，終於放鬆了雙腳。星觀莊很特別的是用星座幫每一間房間命名，並且「六根清淨」為方針，不定時會邀請觀星老師為登山客講星星的故事。在每一處尋找自己的星座，卻尋找不到，終於在餐廳吃晚餐時，抬頭後在樑柱上找到雙子座之星。在山上才覺察到「水」的重要，原來一轉開水龍頭就有水可使用是一件多麼幸運與感恩的事情。在山上，因為水資源缺乏，住客除外的登山客，上洗手間是要貢獻使用水與清潔費用，喝水也不像以往在日本打開水龍頭就可以生飲，更別說是洗澡，根本就是天方夜譚。

如果非常想洗澡，可以前往五合目觀光賣店，五分鐘五百日圓可以洗熱呼呼的熱水澡，建議把所有盥洗用具都準備好，髒衣服都脫下後，在投下五百日圓。感受溫暖的水流過身體，把爬山的汗臭味與疲累感沖洗掉，享受洗完熱水澡後，舒適與放鬆的感覺，這一切都是身處於城市裡，覺得理所當然的日常，卻忘了珍惜的每一件小事。在山上，了解到「水」是最珍貴的大地給予的禮物，感受到一點一滴都是來自大地與所有先人的努力，才能給予我們在日常生活中的便利。深深地感謝！

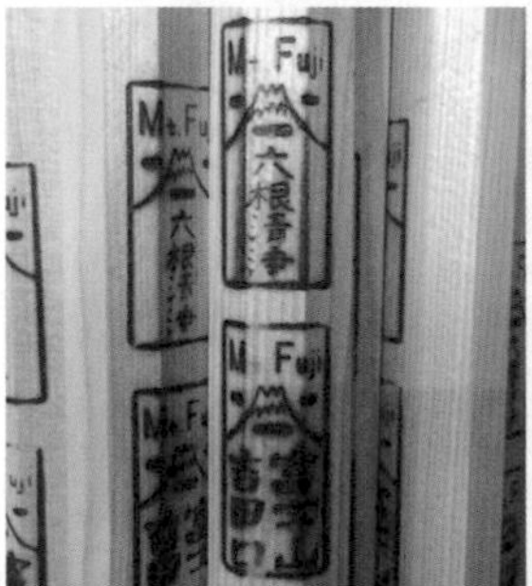

富士 Subaru Line 五合目 -> 富士山山頂

富士山登頂路線有吉田、富士宮、須走、御殿場四條路線，難易度不一樣。吉田口登山道從信仰登山時代開始至今一直都是最受歡迎的登山道。

從富士山陰至陽參拜為信仰的原則。古時候表口為南側的富士宮路線，北口吉田口則為北側的裏口。表口為陽、裏口為陰，因此吉田口為富士登山的本道。日本武尊東征之際時，從北口本宮富士浅間神社附近的大塚丘遙拜富士山，因此北口也被認定成富士山本道。也是從古至今最多人登拜的原因。

現今吉田出發的大眾路線起點為，富士五合目海拔二三〇五公尺處開始，從富士急行線富士山車站和河口湖車站搭乘巴士前往，以及從首都圈新宿直行巴士即能抵達五合目，交通非常便利。位於五合目公路終點也有許多賣店，提供登山客採買與休息。吉田路線側的登山道也是山中小屋最多的路線，提供登山客兩天一夜休息過後，隔天一大早登頂看日出，日文稱為御來光。

小御岳神社

以前的參拜者稱為富士講，以富士山信仰為目的登山朝拜，通過小御岳道，前往小御岳神社參拜之後，再前往山頂登拜。小御嶽是富士山形成以前就存在的古老山岳，以小御嶽和古富士為基地，經過多次的火山爆發，而形成富士山。富士山小御嶽神社創建於朱雀天皇承平七年（西元九三七年）七月十七日，後花園天皇康正二年（西元一四六五年）營造社殿。稱為富士山小御嶽石尊大權現、富士山中宮、富士天狗宮，為富士登山者的守護神。

小御嶽神社位於富士山五合目，自古以來作為山岳信仰的靈地，吸引了許多崇拜者和修行者來此祈願。每年七月一日舉行富士山開山祭，從清晨開始舉辦開山祭典。神殿裡的大天狗、小天狗被視為開路之神，祈願登山者安全與富士山平靜。

主祭神為磐長姫命。即是浅間神社主祭神木花開耶姫的姊姊。以祈求長壽的岩之女神，象徵了生

命的永恆。在神社保留著許多有關天狗神的寶物，擺設在中庭的大斧頭重達百貫，為三百七十五公斤。吸引了許多想比試力氣的人來此抬大斧頭。參拜後，前往賣店由社方人員寫御朱印，御朱印是指日本的寺廟神社針對信徒們所特別提供的服務，以前是提供前往寫經奉拜的信眾參拜證明，並且加諸保祐之意。現在只要參拜便可付費領取，御朱印和御守，都代表著神明或佛祖賜與的神靈之物，需以心懷感激之心領取。想不到這裡寫上的竟然是靈山「富士山」。在小御嶽神社旁邊有一個平台非常推薦前往，可以清楚眺望富士山。今天的雲彩很特別，宛如外星人乘著雲朵來到富士山參拜。

山頂的積雪一直到六月下旬才完全融化，只有七、八月沒有積雪，因此成為官方登山季。夏季開山時，湧入大量以登上日本第一高峰為目標的登山客。九月開始冠雪，在強風與不穩定的天氣狀況下，攀登到山頂相當危險。山上天氣多變化，出發前，建議先到登山遊客中心詢問天氣與風速狀況和登山資訊。並且自由捐款繳交富士山保全協力金一人一千日圓，用於維護富士山生態環境、維護登山安全，並且協助登山客資訊提供與救援。捐款者可以獲得特別的富士山紀念木牌。

「一度も登らぬ馬鹿、二度登る馬鹿」～日本人說：「不爬富士山者是笨蛋，再爬富士山者也是笨蛋。」為此拍了一張紀念照，準備出發登山，一開始是平緩好走的山路，到了分岐點即是「泉之滝」。

往六合目方向走，開始一路只有上坡。沿路經過岳樺和松之森林，漫步走在森林，感受大自然的奧妙。經過安全指導中心，裡面有登山情報和天候訊息也有登山地圖提供索取。地圖有各國語言，可以找到即時更新登山資訊，在旁邊也有公共廁所。

六合目以上稱爲燒山境域。往山頂方向望去，能看到蜿蜒登山道，走在登山道內側，隨時注意滑落下來的石頭。從安全指導中心走十分鐘左右，就是上下山交匯處。

前往七合目進入真正的岩場，左右兩邊設置了鐵鍊，為了安全請走在山路道上，請不要走出鐵鍊以外的地方非常危險。岩場道路狹窄，登山客很多時，記得也不要超車前往，排隊慢慢上去。好天氣時，可以眺望河口湖和山中湖，也能看到八之岳和奧秩父山。位於七合目總共有七間山中小屋，各自有不同特色。抬頭看到顯眼的紅色鳥居，原來是七合目鳥居莊特色招牌，經過鳥居就經過七合目的後半段，從這裡往回頭看，可以看到五合目的小御嶽神社。最後爬向陡峭的岩石，終於抵達七合目最後一間山中小屋東洋館，邁入海拔

三千公尺。沿途看到登山客帶著富士山獨有的富士登山金剛拐杖，木製拐杖上燒印著「富士登山，六根清淨」八個漢字。並且請每一合目的山中小屋燒鐵印，在登山者的拐杖加上記號，需另外付費每次三百日圓燒印費。

超過海拔三千公尺後，比較容易出現高山症症狀。慢慢走隨時休息，切記隨時補充水分。如果預計隔天一大早在登頂看日出的話，推薦入住七合目和八合目的山中小屋，每一間山中小屋早晚餐都是大同小異的簡餐。位於八合目白雲莊海拔為三二〇〇公尺，在這裡已經比日本第二高峰北岳還要高。

和富士山信仰有極深淵源的山小屋八合目元祖室海拔為三二五〇公尺，這裡祭祀著江戶時代富士山巡禮富士講的元祖食行身祿。將信徒的登山主道設定在吉田口，因此在富士講信徒逐漸增多的十八世紀後半期，使用這條登山道的人數也是最多。

過了元祖室後遠遠能看到本八合目，位於海拔三四〇〇公尺處，被稱為胸突八丁，也是行程中最後一道難關，沿著漫長階梯慢慢往上爬。從本八合目開始屬於浅間神社境內區域。從這裡可以眺望到山頂，終於來到後半段了，在心裡拼命為自己加油打氣。抵達山頂最後一間山小屋御来光館，位於海拔三四五〇公尺處，也可以說是全日本最高住宿。

看到白木鳥居後就快抵達到海拔三六〇〇公尺處的九合目，想起一路上有太多事情會讓人輕易放棄，倘若你想抵達終點，就得自己走，而當你決定上路的那一瞬間，一切就解決了。越過鳥居後就是迎久須志神社，現在是封閉著，以前據說在這裡可以印專屬於九合目的燒印。距離山頂不遠處又進入岩場，也是經常塞人排隊區段，想慢慢走的人記得走在左側，不休息直衝的可以走在右側。

想要休息喘口氣的時候，請記得在山路比較寬廣處休息，免得夏季登山時，造成大塞車。往上抬頭看，終於要成功抵達吉田口的山頂。

登頂後，馬上看到鎮座於富士山

頂上淺間大社奧宮，真的是太感動了。在山頂紀念石碑拍一張登頂成功紀念照，看到石碑上的「冨」頭頂上也少了一個點，詢問了神職人員才知道，原來有三種說法：

1. 富士山為第一靈峰，從前是禁止進入的靈山，怎麼會有比富士山還高的人，凡人只能以敬仰方式遠望，因此「冖」上的點，當然不能存在。
2. 與第二相反的說法，由於神是肉眼無法看到的，因此少了「冖」上的點，象徵尊貴的神是無法被看到的。
3. 有山頂是神域一說，「冖」以下的區域為八合目，「冖」上的點，象徵為神的領域。

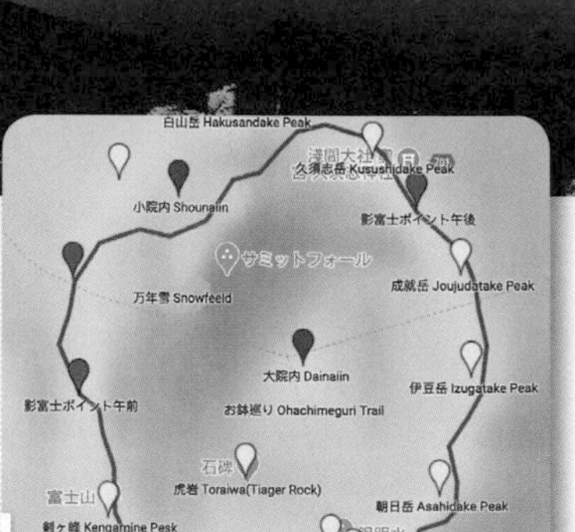

山頂上有四間賣店有販賣著烏龍麵和熱湯等，不趕時間的來這裡休息片刻，讓身體保持溫暖。身體放鬆後，來去富士山頂的浅間大社奧宮參拜，這裏正是祭祀富士山的信仰中心，名列日本三靈山的富士山能量充沛，在古代也是修驗道的修行場所，如今則成為日本人心目中此生一定要登拜的聖山。開山期時神職人員會常駐在此，奉祀祭典、祈禱、也能授與御守和御朱印，據說奧宮的御朱印含有富士山岩砂，非常有紀念價值。閉山後，神職人員們也會下山，回到山下本宮浅間大社。旁邊有一間全日本最高的富士山頂郵局，可以在這裡購買到專屬富士山郵票與登山證明書。

富士名稱為蝦夷語，意思為永生。發音來自日本少數民族北海道阿伊努族的語言，意思是火之山或火神，被日本人稱為聖岳，是所有美意識的原點，更是精神與信仰的寄託所在。日出和日落時分，來到八合目以上與山頂的話，天氣好可以看到富士絕景之一「影富士」。即是富士山的影子輪廓倒映在雲海上，記得隨時從山上往下看，有機會說不定能看到富士山奇景。

如果有時間也還有體力者，可以繞行富士山火山口一圈約四公里，大約步行約二小時。高低起伏落差多，請注意評估自身狀況前往。前往劍鋒時，看到命名為金明水及銀明水，為融雪時所湧出的泉水，自古以來就被稱為來自神明的恩德。走向劍鋒前，有一個超大斜坡稱為馬之背，也是最後的挑戰點，請慢慢謹慎前往。抵達日本最高處劍鋒山頂，從劍鋒能看到火山口缽緣全體，別忘了以火山口為背景來張紀念照。

下山時，最容易一不小心傷到膝蓋，記得小心邊走邊休息。經過八合目分岔路點，切記要沿著黃色指標方向往前往吉田道，往紅色指標為須走口五合目方向。記得切勿「彈丸登山」也就是說夜晚出發，不留宿不休息，一口氣在日出前登頂。富士山作為日本最高峰絕不輕鬆，中途不休息一下補充體力的話，真的非常危險。切記事前做足資料準備，事前訂好山小屋，山上天氣多變，記得冬季保暖衣物也一定要準備好。

單車篇

富士山自行車登山挑戰賽 Mt. 富士ヒルクライム

對日本人來說，一生一定要參拜富士山一次。每年夏季開山，更是登山朝聖者必登的日本名山。近年來日本開始推廣自行車運動，每年六月份超過千人挑戰的富士山自行車登山挑戰賽更是盛況空前，用雙「輪」拜訪富士山已是車友朝聖目標。活動強調即使第一次上山也能輕鬆完成，完賽率高達九十八％。平常很少在運動的我，說來汗顏，每一次運動都是為了工作，這一次因緣際會接了帶團翻譯的工作。旅行社主管跟我說：「騎富士山非常簡單，只有一條路，一直往上騎，二十五公里就到囉！」。心想感覺二十五公里的路徑似乎也沒有很難，所以不知好歹馬上應允了這份工作。

帶著單車去旅行

抵達河口湖畔邊的飯店，一出飯店就可以看到聖山。這次由台北市忠明單車店老闆擔任活動技師來協

助參賽旅客，在盧大哥的協助下，單車一下就組裝好了。

第二天早上我們沿著河口湖騎乘，河口湖是五湖中最熱鬧的地方，很多著名餐廳與旅宿皆座落於此，交通也是五湖裡最便利的一湖。夏天可以從河口湖觀賞到富士山搭配薰衣草盛開的美景。沿途經過號稱日本最恐怖刺激的富士急樂園，園區內有多項創下金氏世界紀錄的設施，可以邊尖叫邊眺望富士山的最長雲霄飛車，還有最可怕鬼屋「戰慄迷宮」，史上最長的鬼屋路徑九百公尺，將耗時一小時以上的體驗時間，讓您盡情體驗極端的恐怖深淵。我們這團最年輕的十二歲小勇士，看到富士急樂園後馬上跟爸爸說：「如果我完成自行車登山挑戰賽，你就帶我來玩好嗎？」哭笑不得的父親馬上跟兒子打勾勾。

行經金鳥居，象徵進入富士山的神聖領域，一路上坡的過程中，車隊與我的距離越拉越遠，心想反正目標是前往富士五湖的「山中湖」，應該順著路標騎行就會抵達。然而山中湖是位於東面，乃富士五湖中最大湖，難怪我一路辛苦爬坡前進仍看不見前方的車尾燈。一說到山中湖，人們立刻就會想到有名的「逆富士」之景，而最能看到這一美景的地方，當屬山中湖北岸的長池親水公園。在每年的十月中旬至二月末，這裡還能看到「鑽石富士」，夕陽西下時富士山山頂和太陽重合的那一刻，畫面宛如鑽石一樣閃閃發光，非常漂亮。

登富士山前，來到北口本宮富士浅間神社參拜，祈求順利完騎。淺間神社乃祭祀神格化的富士山-淺間大神的神社。神社位於富士山北口登山道的出發點，擁有一千九百年的悠久歷史，是世界遺產富士山景觀的一部分。境內種有樹齡長達千年的杉樹，以及高達十八公尺的巨大鳥居，本殿也被認定為重要文化遺產。神社

內主祭神為木花開耶姬的美之女神，在女性中以祈求戀愛圓滿聞名。每年富士山開山時，登山客一定會來到神社祈禱攻頂登拜順利，相傳這裡也是吸取大自然能量開運的風水寶地。

前往賽事會場報到，也就是今天的重頭戲，領取選手們的大會資訊。該年是第十四屆 Mt. Fuji Hill Climb，也是大會破報名人數紀錄中超過一萬八千位參賽者報名參加。富士山頂海拔三七七六公尺，比賽終點設在位於海拔二三〇五公尺的五合目，同時也是公路的終點。出發點設在海拔一〇三五公尺處的富士北麓公園運動場，總里程二十四公里，爬升將近一二七〇公尺，無論是車齡數十年的老手，或是初學者，幾乎都能完騎日本第一高峰。

終於來到讓人緊張的時刻，後悔的感覺浮上心頭，平常都沒練習怎麼就答應來挑戰呢？但是已經沒有退路了，我們這團有高齡七十六歲的福伯，也有和爸爸約定好完賽要去富士急樂園玩的十二歲小勇士，我這個不上不下的輕熟女只能硬著頭皮上場了。

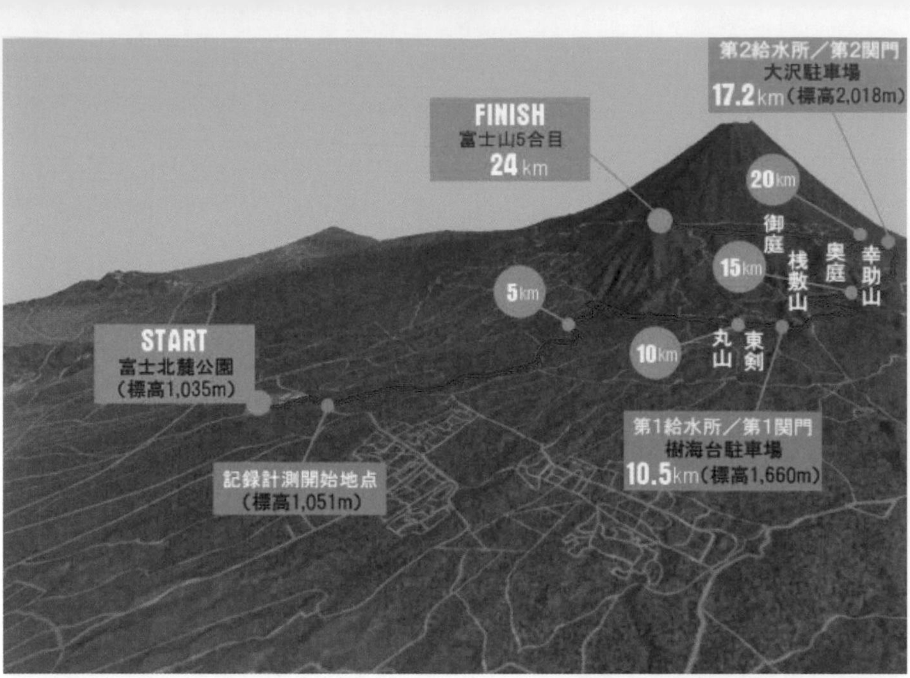

大會依照菁英組和年齡排序依次放行，看著參賽者大排長龍，菁英組們各個磨拳擦掌，準備奪取大會依照完賽時間所給予的金、銀、銅環殊榮。三環的完賽時間分別為：金環六十五分內完成、銀環七十五分、銅環九十分，超過以上時間之完賽者，則可獲得藍環。我沒有任何目標，只求能完賽抵達終點即可。

比賽路線只有一條路，沿路上坡沒有明顯的休息處，富士 Subaru 路線的斜率較緩，急速上升的陡坡在這邊幾乎遇不著。中途大會設置許多休息點可供車友補給，建議依照自己的步調，盡情享

受富士山周邊風光。

非常怕冷的我，把厚外套還有防風外套穿在身上，結果上坡越騎越熱，把厚外套綁在腰間繼續奮騎。早晨因為忙進忙出沒空檔吃早餐，騎到一半肚子果然餓得受不了，只好把身上帶的能量果膠當早餐裹腹。說也神奇，沒過多久馬上感覺大腿酸累的感覺慢慢褪去，體力也逐漸恢復，重拾動力的我拼命鼓勵自己，希望可以藉由奮力踩踏趕緊攻頂成功。然而看著兩旁一直呼嘯而過的車友，心裡頓時納悶為什麼他們抽車可以這麼快？長這麼壯，身材還這麼大隻，為什麼可以一下就刷掉我呢？

活動當天天氣好到不行，前方坡道能見度非常好，一路望向遠方，心想又是坡，除了坡還是坡。旁邊時而會出現超車的車友喊著「頑張って！」，內心戲旁白也對鼓勵著自己說：「加油，就快抵達終點了。加油！」當腿痠到踩不動的時候，下車用推的也要繼續向前走，一刻都不想休息，深怕坐下來後就騎不動了。

逐漸聽到遠方的加油聲，想起村上春樹在《遠方的鼓聲》前言寫道：「我並不太害怕年紀增加，我害怕的是，在某一個時期應該完成的某種事情，在沒完成之下時間就過去了……」。在最後掙扎過程中，如願順利地穿越了終點拱門。浮上心頭的第一個想法，天啊！我完成了！接著就是山上真的好冷喔！幸好我的保暖外套綁在腰上，當我們在山頂揮著國旗，大夥跟富士山一同合照時，那種悸動真是說不出來的爽快。平常沒運動的我，今年第一次騎單車就來挑戰富士山，果然親身證明九十八%完賽率，日本的

數據很確實，我沒有成為那二%！下山後，大會成績馬上公佈在網路上，查了自己的時間，抵達終點時間三小時三十六分十三秒。一路支撐我往上騎的是毅志力，以及害怕今年沒挑戰成功，明年還要再來一次啊…

隊友們隔天早上又相約騎車前往富士五湖中的另外三個湖。聽到這個提案時，打從心底非常佩服這些壯士們，你們的腿都不會酸嗎？晚上我的雙腿可是酸痛到睡不著啊！

在車友們的鼓勵下，我輕信當天騎行會是一段排乳酸的輕鬆旅途，於是立即動身從河口湖出發，行經大石公園整片紫色花海搭配富士山美景真是美麗。在這裡有一座非常特別的「富士山聚集紀念碑」，由全國各地山形貌似富士的山岳，北自北海道的蝦夷富士，南至沖繩的本部富士，各取一塊石頭，共二五二塊，壘成宛如富士山的石堆。由於富士山日文發音為FUJISAN，數字二（FU）二（JI）三（SAN），因此山梨縣及靜岡縣二月二三日訂定為富士山日。

前往西湖為富士山噴發而成的堰塞湖。面積是富士五湖中第四大，又被稱作乙女湖。四周環繞著茂密的森林，沒有太多的店家和車輛，寧靜而舒服，是一處非常好騎車的秘境。沿著山林前往精進湖，該湖是富士五湖中最小的一個湖，既沒有流入河流，也無出水口，是座全因火山活動而形成的堰塞湖。沒經驗的車友也能很輕鬆繞完，輕鬆到還能比個愛心呢。最後抵達本栖湖為富士五湖中最深，也是透明度最高的湖泊。本栖湖特別以其優美的風景著名，終生追跡富士山的知名攝影師岡田紅陽所拍攝的湖畔之春，就曾被選用為五千日元及一千元紙鈔的圖案。看著回飯店的距離，驚覺這應該不是排乳酸的輕鬆騎啊！來回騎一騎也將近九十公里，真的是太虐心啦。

懶人篇

虹夕諾雅富士 星のや富士

以星野集團最頂級的虹夕諾雅山部曲掀開行旅序幕，於飯店露台眺望富士神山、欣賞不同富士之美，完美譜上驚嘆號的是美好星空與曠野之無瑕。您「星野」了嗎？

二〇一五年星野集團在日本開創先峰，打造富士山下這座體驗露營的旅舍，三七七六公尺高的富士山，孕育出「星のや富士」最高傑作。讓入住旅客可以與自然共生、療癒，並且得到無限放鬆。其創作靈感來自於歐美盛行已久的 Glamping 風潮，強調一種優雅探索自然的旅行概念。

體力不足二十初頭時，可以背著大背包，登上台灣玉山，並且獨身到海外自助旅行，扛著比自己身高還高的背包，底下塞著睡袋和所有家當。過了三十歲後，只想好好睡在一張舒服的床，徹底放鬆身心，然而想被自然美景療癒的盼望，由始至終不曾停歇，直到入住星野富士，頓時心悅誠服成為它的大粉絲。

抵達位於山腳下的接待區，看著牆面上五顏六色的休閒包，裡面裝著我們這幾天所需要用到的小道具，包含小水壺、手工餅乾、望眼鏡以及地圖，讓您隨時都能準備出發冒險去！為了讓住客體驗「非日常」的時空轉移前奏，接待人員化身嚮導駕著吉普車等著我們。乘上車隨著小路恣意蜿蜒，心裏誇獎著駕駛的高超技術，不知應徵員工的首要條件，開車技術是否也會納入考量呢？

隱身在赤松山林中，一推開房門，富士五湖中最大面積的河口湖與富士山立即印入眼簾。每個房間皆充滿神奇角度正對富士山絕景，窗外的景致每分每秒變化無窮，在房間拉開窗簾，不需外出就能親眼見到富士山矗立眼前，房間沒有多餘的裝飾，主題就是簡約戶外風格，沒有電視取而代之的是音響，可以帶著音響到露台播放自己喜歡的樂曲。冬天來到這裡，露臺上備有日式暖爐桌，溫暖到什麼都不想做，只是單純欣賞面前的聖山與天空變化，窩著窩著就不想出來了。

沿著小徑往上走會先看到餐廳，從杉木區往沿著步道往上走，雲端露台與山林融為一體，無違和地隱藏在廣葉林中，讓住客不需翻山越嶺，便能輕鬆投入自然環境中，盡情享受芬多精的洗禮。走上雲端公共空間，這裡是絕佳慵懶放空之地，搖椅、吊床遍布其中，不論是坐著呼吸森林氣息，亦或躺臥在吊床上打個盹，甚至躲在帳篷內悠閒看書，簡單不過地享受，卻足以讓都市人釋放平日繃緊的神經，每一個設計細節都突顯自然環境之美。散落在各處提供不同形式的躺椅，

以不同方式和視野角度與森林共處。

飯店提供許多體驗，早晨伸展筋骨課程非常有趣，三十分鐘的時間我們跟著服務員動動筋骨，手亂揮著也不打緊，看著平常沒在運動的媽媽與服務員熱情互動著，歡笑聲頓時不絕於耳。

早上與下午兩個時段，提供劈柴體驗，剛剛在餐廳服務的服務員化身為野營達人，指導我們砍柴要領，斧頭要握在把柄的最底端，雙腳要張開大一點，還給我們套上護腿的護套，免得斧頭太重揮棒落空打至要害。到了展露女子氣概的時刻，拉高袖口，拿起斧頭，砍柴伐木，三個動作一氣呵成，手無縛雞之力的我，架式十足卻揮棒落空，當時的畫面至今起來仍覺發窘好笑，而這

也是讓我們這些城市人哈哈大笑的難忘回憶。露營達人請我們把剛劈的木材堆在營火裡，升起的薪火溫暖著彼此，一行人聚集在營火區燒烤甜滋滋的棉花糖，品嘗森林熱茶和手沖咖啡，共同度過一段難忘的回憶。

夜間來到雲端公共空間，圍繞在營火旁聽著樂器表演又是另一種氛圍，還有星空下的黑白電影院加上冬夜繁星圍繞，堪稱是夜間的重頭戲。雖然寒意颼颼，卻能擁有四季最為燦爛的星空。獵戶座彷彿是點綴在天鵝絨上的耀眼寶石，我想只有身臨其境的人才能夠深深體會、細細品嚐。

晚餐點選客房服務才有的「野營咖哩」，在預約好的時間服務員會背著野餐盒登門拜訪，並且把餐具按照順序排好。首先

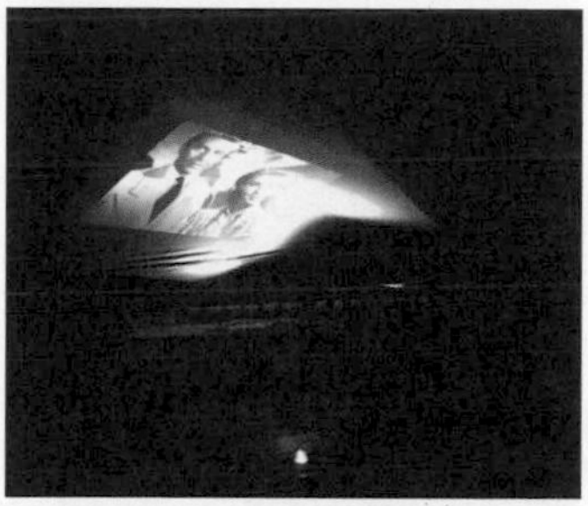

端上的是咖哩與白飯，接著擺出富士山熔岩點火加熱，讓旅客可以自行燒烤已經切好的牛排，搭配喜歡的現磨香料。這時你只需要用重石研磨器將香料磨成細粉，調配好沾著牛排和咖哩混搭，那股滋味至今回想起來仍覺得美味。輕鬆享受戶外野餐的感覺，又不需動手準備，卻又能讓你充分體驗野餐的奧妙，能夠品嘗這頓料理真是太幸福了！也不知道是否因為食慾大開？碗底朝天後仍有些意猶未盡。完膳後，撥打客房服務給櫃台，飯店就會安排專員前來收拾。服務員離開時，會在露台上點燃小營火，讓房客窩在露台旁的日式暖爐桌裡眺望夜景，凝視著小營火享受露營的氛圍，喝著燒酒，聊個小天，半夢半醒間不小心就睡著了。還好打開玻璃門就能馬上回到溫暖的大床，舒服睡個好覺，根本人生一大樂事。

隔天選擇了餐廳的義式料理，原本對這餐沒有特別期待，卻意外地讓人驚喜。首先服務生端出六種季

節前菜，隨後有湯品、主菜牛肉以及豬肉可以選擇，也可加價升等和牛，到了主餐上菜前，服務員請我們到位於中央的大型燒烤爐台，體驗自己烤自己的肉品，好似自己是料理主廚翻動著。甜品一上來後少女心噴發，竟然是富士山造型的海綿蛋糕搭配富士五湖甜點收尾。喝著隨餐附贈的飲料，一頓吃下來也是一整個飽到不行。

清晨五點多，也許是富士山神晨喚著我，在台灣都沒這麼早起，五點多不自覺睜開眼，迅速套上星野的厚外套，來到房間露台，望向壯闊的景致。清晨的富士山，沒有一絲雲朵遮蔽，卻沾著橘澄色的光芒，隨著時光的流逝變化著。

參加朝晨的河口湖划船，不只能遙望山峰連綿的美景，更可以一睹象徵日本精神的富士山倒影。富士五湖分別是山中湖、河口湖、西湖、精進湖以及本栖湖，其中公認遙望富士山景最美地點正是河口湖。在此雙人滑船欣賞富士最朦朧的一刻，感受著湖光山色的靜謐時光。

早餐時段便能看見服務員背著外送包前往各個房間送餐，看來想在星野當服務員，體力也要相當了得才行。服務員敲門進來後，詢問要在露臺享用早餐還是房間？我們選擇了露臺，早餐配富士山，還能有比這更完美的選擇嗎？接著服務員把餐巾鋪上，隨即擺設餐具，在餐桌上放置野餐木箱，打開後盡是讓人胃口大開的三層百寶箱。內藏沙拉、濃湯與麵包，還有各式果醬與咖啡。吃著早餐，曬著太陽，看著富士山許著願。深深感謝富士山，也感激周遭的自然萬物。

前往山下的星野接待處，索取星野自製的地圖，以星野為中心介紹河口湖周邊景點。帶著地圖沿著湖邊散步，望著波光粼粼的湖面上，倒映出富士山與自己的影子互享對話著。

沿著河口湖散步至久保田一竹美術館。隱藏在森林中的正門彷佛印度古城，美術館以自然和藝術共存，體現出一竹的獨一無二的世界觀，傳達給觀賞者美的意識。

足足有好長一段時間，我呆站在空無一人的展覽廳，心突然跳得很快，深深為其着迷，注視這精緻無匹的美與高超的技藝撼動了。在廣大的世界裡，久保田一竹透過對染布藝術的熱愛，展現出廣大的宇宙與整個生命歷程。

一竹於二十歲開始，對於已經失傳源於室町時代的日本織物染色技術「辻が花」著迷，因此決定重新找回當時已失傳的染色技法。然而，卻被徵召至北朝鮮戰線之前，終於在一九四八年結束戰俘生涯，從世界的盡頭西伯利亞回到日本。

開始埋首鑽研嘗試不斷地實驗與失敗，日夜努力只為了重現古老的夢幻紮染法。直到五十歲以後拋開傳統的包袱，轉而以現代的手法表現出終極一生追求的極致，終於獨創出「一竹辻が花」特殊紮染技法。並且展開一系列的計畫稱為《光響》，描繪出春、夏、秋、冬的四季光景和宇宙，風景從一件和服延綿至下一件，預計創作出八十件作品。

由秋色系列展開，他自覺正在人生的秋楓階段，才找尋到自己。一竹逝世時享年八十五歲，《光響》剛好完成一半。透過「一竹辻が花」技法，子女和徒弟會繼續完成作品，並且延續與傳承一竹的精神。

沿著河口湖畔感受不同角度的富士山。小時候讀的日本童話故事兔子與狸貓，河口湖天上山公園便是以此童話故事為背景。搭乘空中纜車抵達山頂只需三分鐘，從展望台欣賞到全景放大版的富士山，彷彿伸手即可以觸碰到聖山。天氣好可以看見南阿爾卑斯連峰。視野角度從天上雲間俯瞰河口湖，不同角度各異美感，山景隨著季節變化而呈現不同風貌。亦可以搭乘河口湖遊覽汽船從湖上欣賞富士山，從遠處眺望星野，宛如孩童堆積而成的積木融合與山野裡。

喜愛自然的我們參加了「富士山樹海神秘洞窟探險」，位於富士山的西北側山麓，有一大片無邊無際的茂密森林。大約一千二百年前，富士山火山爆發，火山熔岩冷卻形成火山岩的荒地，經過歲月的演替，形成一座非常茂密的森林，稱之為「樹海」。在樹海裡見證大自然驚人的生命力量互相盤結著，嚮導為我們準備頭燈與手套，帶領我們走進樹海中，走進青木原樹海，一探原生林祕境和溶岩洞窟，如同進入了異次元，時間凝結於千年時光的神秘景致。下探溶岩洞窟深處，關掉頭燈，感受地底下的黑暗世界，只聽得到地底下水滴滴滴落下的聲響，與我們的心跳聲。

與自然共生 生態村

木之花家族 自給自足、循環永續的生態村~

一踏進木之花那瞬間，耳邊傳來「~お帰り~你回來了~」。

因為看了報導介紹：「有這樣一群人，住在富士山腳下，共同生活在一起，以不使用化肥與農藥的自然農法為經，不製造多餘垃圾的循環型生活為緯，成員們發揮各自的才能和天賦，分別從事農事、料理、育兒、精神疾患患者的照顧、音樂創作等不同工作；同時，所得均分，生活費共同支出，實現了完全與現代資本主義社會相反的微型經濟、自給自足的生態村生活。」

於是我們來到位於富士山山腳下的木之花，並且入住在這裡的民宿，迎接我們的是成員們燦爛的笑容，住進了這個

以『天然循環法』為核心的生態大家庭。我們與木之花家族的成員們一起從早到晚生活著，享用著早中晚餐，共用澡堂與廁所。但是很神奇的在怎麼不便不熟悉，我們也自然而然融入了木之花家族的和諧家族能量流動中。感受一群沒有血緣關係，來自四面八方的人們，如何在這裡組成一個共生家園。

晚餐時段我們和木之花家族成員們一起同聚在食堂享用晚餐，跟隨著大家飯前祈禱感恩食物的到來，並且享用成員們自給自足種出來的蔬菜稻米，從生活中瞭解到自然循環的真善美。

飯後我們被當上貴賓，大小朋友熱鬧的舉辦自創的歌曲演唱會，迎接我們的到來。聆聽一首一首因為親手與土地自然接觸，體悟宇宙運行真理，而創作出來的自創自奏，宛如透過神的樂章般美妙聲音，不自覺得感動的流下眼淚。

結束後我們在旁邊參與每天晚上所舉辦的大人會議與小人會議，可說是每天最重要的心之交流時段。在會議上討論作為社區的運營事項的同時，更重要的是坦率地互相分享彼此的內心，重視創造出和諧的場域。

第二天早餐時，據說木之花的成人們每天實施半斷食，早餐不吃，只吃中餐晚餐，晚餐過後至隔天中午實施約十五小時半斷食。成員們擔心我們肚子餓，因此特地為了我們準備簡單早餐，有生雞蛋和清粥還有醬菜。

木之花核心

透過參與講座介紹，我們更深入的了解到木之花核心，並且意識著地球與宇宙生態體系運行方式共同生活著。太陽之下的所有國家，不僅指的是日出之國「日本」，更是指世界上所有國家。地球上所有的生命，共享太陽、海洋、大地、水資源、空氣，在同一顆地球生存著，更重要的是，我們生活在同一個時代裡，我們都是同一生命體的家人，並在天然循環之中承擔著地球生命體的一部分。為了將這個精神傳遞給所有國家，以富士山作為天線，於一九九四年二十名成員創立了木之花家族，現今有八十七名成員，加上長期居住者、照顧居住者、協助者與一般訪問

者將近約一百名成員，超越血緣關係成為共生家族，「以富士山原鄉為據點，創立菩薩故鄉」。

「木之花」名字取自富士山的主神木花開耶姬。櫻花意指人的生命之美、梅花指健康之美、還有桃花為烏托邦之美，二十一世紀將是東方智慧在全世界開花的時代。

根據約一萬三千年前曾經繁榮存在過Katakamuna文明，並開始了解宇宙的內在運行法則。Katakamuna最大法則是人類透過感知宇宙萬物共鳴，跟隨著宇宙順流生活著，理解所有的事物是由波動形成並用覺知生活。並且覺察到只有磨練心性才是世界上所有事物中最基礎的。

透過天然循環法應用於生活層面，反映在所有我們日常生活的領域中：農業、食物、經濟、社會

關係、教育、育兒、環境、藝術、醫療。木之花家庭是以農業為基礎的共同體。在發展天然循環法之前，以不使用農藥和化肥的有機農業。為了在田地裡使用雞糞我們開始了養雞，以微生物資材培養開發以EM菌為基礎的木之花菌，用來發酵糞便和穀物、農植物葉面噴施、家禽飼料和日常飲用水。並且實現了沒有惡臭的健康環境，生產出了安全的農作物，現在食物自給率是一〇〇〇%。

通過天然循環法，將潛在世界的波動應用到顯在世界的田地裡，並透

過養育農作物來學習宇宙系統，農作物經過人類傳達的意識產生共振和鳴，自然而然得到充滿生命力與能量的美妙農作物。更是為了讓所有的事物都變得美麗和充滿能量而應用在日常生活的所有領域中：如在做料理時、在提煉味素和醬油時、在清掃時、在育兒時、在養蜂和養雞時、在辦公室工作時、在社區會議之前統一意識時等等。只有當人們在日常生活中提升靈性並理解宇宙系統，潛在世界和顯在世界的宇宙中，所有的存在物都是以螺旋狀循環著，感受潛在世界波動的直覺才能在人類的意識中開花。覺察到磨練心性才是世界上所有事物中最基礎的，並確信了我們把精神性放在第一位的生活方式。超越自私之心並擁有廣闊的世界觀，就像地球上的生命在不斷變化和進化。每一個成員都在日常生活中，透過認真的觀察和省思自我來超越私慾。

在整體中，自然的賦予符合每個人的個性及能力的工作，必要時也會根據當時的情況相互支援與調整。野菜耕種隊、水稻耕種隊、雞與山羊飼養、蜜蜂飼養、料理組、育兒組、訪問接待組、自然療法組、微生物培養、味噌與醬油製作、生態村設計教育組、土木組、「微笑便利屋」地域交流組、IT組等。

木之花以多品種少量栽培種植，蔬菜有七十七大類共有二二九品種、雜糧與豆類有十五大類共有二十三品種、水果有二十五大類共有四十六品種、大米有五大類共有十品種。位於富士山腳下的農地旱田七點四公頃，水田七點五公頃，果樹一公頃，位於大町區域旱田與花田合計三公頃，幾乎都是從鄰居無

償借用的休耕農地。自家採種四十八大類共有一二四品種。一整年依照二十四節氣展開農作農事，讓土地順應自然運行，沿襲自然生命構造栽培，永續乾淨無污染，養地又養生，每個人在這裡傾聽土地作物的聲音與對話，給予土地最適合的養分，並且達成高自給自足的友善環境的生活方式。

以平飼法飼養了共兩百多隻的放養雞，利用木之花菌當入飲用水，沒有異味，沒有疾病，使雞群具備穩定的高強免疫力。並且飼養約五十箱蜜蜂，自產多種蜂蜜：花蜜，紫雲英蜜，日本橘蜜，蕎麥蜜，混合蜜。透過添加木之花菌和糙米氨基酸，提高蜜蜂對各種疾病和寄生蟲的免疫力。

學習在地傳統製作味噌與醬油技術，來自「大平麴店」大平奶奶的味噌、醬油職人半田弁吾爺爺的醬油，木之花從麴菌開始自己培養，原料的大豆、米、小麥、大麥全來自自家田地，經過兩三年熟成的傳統味道。並且將傳統技術代代流傳下去。

除此之外，成員們還會製作納豆、豆腐和蒟蒻、醃梅子、漬白菜和蘿蔔、風乾柿子和蕃薯。每到秋冬，就是製作保存食的繁忙季節。除了油、鹽、糖必須向外購買之外，其餘皆為自給自足。木之花實行一日兩餐半斷食療法，以玄米雜糧素食為主食、當季的現採蔬菜為副食，有時加上自家的蛋，依據酵素食用，活用食養健康法。

木之花非常重視微生物的培育，能有健康的土地種植出豐富的食材，可說都是微生物的功勞。以EM菌為基礎所培養出的酵素「木之花菌」，除了稀釋作為每日的飲料，也使用於發酵堆肥、作物的澆灌水和葉面散佈，另外，還混入雞的飼料和飲水中，因此雞舍完全無臭，這些飽含微生物的動物糞便則是堆肥的最佳材料之一。然而製作者的心態和意志是最重要的一環。微生物是一種很微細和纖細的生物，因此很容易受到製作者所發出的聲響和心態精神影響到品質。因此以神聖恭敬的心態，誠心製作是很重要的。

從零歲到十七歲，木之花目前共有二十幾名的未成年成員，全都共同生活在一起，主要由育兒團隊的成員負責照顧，成員們每人也肩負起父親母親的角色。孩子是大家的，所有大人都是孩子的父母，同時也是兄弟姐妹。並沒有特殊教育，以共同育兒共同照護，尊重個體性發展，根據各自能力和意願，選擇職業出路。

透過獨特「自然療法」，改善精神疾病患者，針對憂鬱症、綜合失調等身心疾病者恢復健康的療法，現代醫療及藥物等無法改善的人，可以透過木之花家族的短期居住後重新回歸社會。

一、提高心的免疫力：

從心理層面尋找生病的原因、並且協助增強心裡的免疫力，和成員一樣學習從日常生活中審視自己內心。這也是回歸社會後，防止復發的根本方法。

二、順應自然的生活規律：

不規則的飲食、熬夜等凌亂的生活節奏，是文明病的主因。生活在月亮太陽和地球的節奏之中，保持與自然相應的生活節奏，重新獲得原始感受，喚醒身體的自然治療能力。身心狀態自然而然能達到平衡。

三、豐富生命力的自然食：

在木之花家族，食物被視為「藥食同源」，並使用自然循環方法，製造出自然賦予生命力的食材。充滿活力的食物就像藥物一樣治療心靈和身體。以糙米素食為中心，導入了結合西式甲田療法（禁食／半禁食療法／生食）等酵素食的健康飲食法。不僅可以改善過敏性體質，更可以促進情緒穩定，對心靈的疾病也帶來更大的改善。

了解木之花家族們運行方式後，下午我們實際拜訪參觀，木之花家族們的養蜂場、快樂雞學校、草莓農場和番茄園。看見使用天然循環法的作物，只是使用木之花家族自己製作的酵素去給予養分，並且隨時和動植物對話聊天，自然而然長得欣欣向榮。最重要的卻是在耕耘土地之前先耕耘自己的心。成員說：「常常有人覺得共同生活很不可思議，其實日本以前也是一個村莊裡大家一起生活、互相幫助、互相照顧，而我們只是回到以前的生活模式而已。」

有機會來到靜岡縣富士山周邊，記得來到「蓮花咖啡館」，這是木之花家族於二〇一七年開幕的

Cafe&Shop，商店販賣自家產的天然蜂蜜，和不使用農藥或是化學肥料的自家產食材與有機蔬菜還有生活雜貨。有一道非常特別的料理稱為「富士山休閒時光」套餐，使用大豆肉、高野豆腐、雞蛋、大和芋頭、牛蒡、胡桃等食材創作如鰻魚形狀的素食料理，取代了瀕臨絕種的日本鰻魚，由食物展開改善地球環境與增進身體能量。並且以名古屋當地吃法，一條鰻魚三種口味享用方式，來一趟由食物開始的意識革命。不論是吃的喝的用的，幾乎都是成員們自己耕種出來的食物健康又好吃。

在廣闊的宇宙奇蹟中，食物則是上天給所有生命的禮物，如果每個人透過生活中的修行而覺醒，而覺醒的契機，則從每天提供我們能量的食物開始，吃的生命和被吃的生命兩者融合為一，融化成滋養的新生命，當我們改變我們的飲食，我們的意識也會跟著改變，感謝每一道食物與食材提供我們的能量，從感謝開始，我們的意識也會跟著改變，世界也因此而改變。

Lotus Land

4
April
うづき

【卯月】

來到和曆的第四個月份，正是草木發芽、萬物甦醒之際，也是「卯花」盛開的季節。這種白色小花稱為溲疏，細密如雪片的花瓣相當優雅。四月也是準備種植新苗的季節，因此也有「植月」之稱。

KAGAWA
香川
かがわ

瀨戶內海藝術創造聖域

日本最大的內海如湖面一般平靜的海面，
島嶼星羅棋佈宛如天上繁星降落於瀨戶內海，
島上醇厚的豐饒自然美景，與勾人心弦藝術點綴，
透過建築穩定的力量，以藝術創造神域，回歸心之所在。

島嶼生命力再生

瀨戶內海位於日本本州、四國和九州之間，在歷史上是連接本州和九州，以及溝通日本與中國、朝鮮半島等鄰近國家的通道，為日本重要的經濟命脈。在平靜的內海上，座落三千多座大小島嶼，長久以來較少遭受戰亂侵襲，保有其獨特的海島文化。海洋自古以來便是許多人自由移動的交通要道，以大海為媒介，連接各個地區。瀨戶內海對日本列島而言，就像母親的子宮，安靜沈穩的海洋，提供養分和能量。

因為時空環境改變，瀨戶內海的海運價值日益消失，美麗的島嶼成為工業化下的犧牲品，人口逐漸減少，許多島嶼居民平均年齡高達七十五歲。福武總一郎與北川富朗兩位愛護家鄉而行動的策劃者，自二〇〇六年開始著手合作籌劃「瀨戶內國際藝術祭」，在二〇一〇年舉辦第一屆藝術祭，展出舞台是瀨戶內海以及海上諸島。藝術祭的經營理念中，真正的目標在於找回老人家的笑容，藝術進入偏鄉，不只是為了帶來人潮，更希望喚醒人們對於家鄉的熱愛。透過與藝術家參與作品的設置，加強當地老人家對外的連結，重拾笑容與尊嚴。作品就像一個小孩，要花錢花時間耐心養育與守護，這些守護者與作品與土地彼此有了牽絆。藝術家不只在海邊、港口，也在豐饒的梯田與平緩的山丘上，在得天獨厚的大地上，以及廢校、廢屋等展出作品，藉由藝術將七個小島與兩個港口串連，讓來訪者走到每一個島嶼上觀賞藝術作品，與土地與自然與海洋融合為一。

高松港「Liminal Air -core-」

聳立在高松港，高達八公尺兩根色彩豔麗的柱子，融合鏡面設計反照出大海與藍天等風景，依照欣賞位置與時段呈現出不同的光影。大卷伸嗣是日本當代藝術的指標藝術家之一，「Liminal Air -core-」作品名稱為閾限，也可以說是臨界。由某一種狀態轉變為另一種狀態，從高松港出發，透過海上交通工具，將展開一段轉變的旅程。帶著想遺忘的煩惱前往龍宮，吸取大海的養分，回到陸上，我們會成為怎樣的自己呢？

港口附近停靠著從台灣飄洋過海的種子船，由台灣知名地景藝術家林舜龍，二〇一三年幫瀨戶內國際藝術祭創作【跨越國境 海】的作品，以漂流木為創作素材，靈感擷取海漂植物棋盤腳果實，棋盤腳的種子隨著洋流漂往陸地，如同人類遷徙一樣，到處開枝結實，海洋不再是隔絕的障礙，而是移動的媒介。當屆藝術祭展期結束後，雖然豐島居民希望作品能留下，但終究還是無法成真，最後香川縣政府決定購藏這件作品。因為是永久的設置，重新搭建時選了比較厚實的表面材、更做了防腐處理。結合多種台灣原生木材和南洋木種，作為骨架與外部覆層，賦予漂流木新生命，將台灣豐富的山林生態資源，呈現在高松港灣。鑄銅造的孩童像站立船頂上尋找夢土，內部懸掛銅鑼敲響台灣的聲音，站立礁岩上的是象徵自然的吶喊金色青蛙，船尾端入口處金牛佇立於磐石上與之對望，象徵台灣文化落地生根。於二〇一六種子船現今永久停靠在瀨戶內國際藝術祭的主場地。

高松港藝術區

高松位於日本四國地方香川縣，在高松港旁的高松城是日本三大水城之一，充分利用了臨海地形特徵，護城河直接引進海水，使船艦可直接進入城內，並且保護守衛著高松。高松城建於一五九〇年豐臣秀吉時期，水城最大的優點就是易於防守並且難以攻破。到了明治時期因為都市化，興建道路拆除大部分城區，改成高松市玉藻公園對外開放。

在公園外，通向商店街與港口的主要道路上，可以看到醒目的路人石像。分別是黑大理石製成的銀行家，庵治石製成的護士，石灰岩製成的偵探，還有黑色花崗岩製的律師，由英國藝術家 Julian Opie 使用當地出產石材創作。畫面呈現大色塊、粗黑輪廓、簡約的構圖，Opie 的創作靈感來自於自身回憶的模式，不像電影般的清晰場景鏡頭，照片清楚的定格，而是突兀的形象和標誌，彷彿抽離了什麼，但是輪廓鮮明，營造出都市腳步匆忙的節奏。

北濱 Alley 是昭和初期建成，原本是高松港的貨物集散地，因日本本州與四國之間的海上橋梁開通後一度荒廢，之後由建築師井上雅子與香川縣 JA 農會合作之下，將老倉庫變身為兼具藝文展覽空間與咖啡店的文創聚落。在瀨戶內國際藝術祭時，夏季與秋季二季將成為會期的據點之一。二〇一九年在北濱 Alley 紅磚廣場由日本藝術家西堀隆史以約七千個團扇的骨架打造成裝置藝術。

位於咖啡店二樓展示著香川漆藝，還有石原秀則打造的教你煮烏龍麵的機器人，由服務員請現場觀眾抽籤，如果你幸運抽到將會由機器人製作烏龍麵給你吃。

位於對角的公寓二樓裡展示著兩個不同主題。一進入後可以感受到潛入大海的色調，藝術祭的主題是「海的復權」，展示的視覺

作品以比較世界各地海洋與瀨戶內海的照片為主，打造從多種角度凝視瀨戶內海的空間，作者潛入全世界的海洋，發現每個海洋都不一樣，「大海反而會因為人工設置的魚礁而發展出新的豐富生態」。另一個房間展示著香川大學的稀少糖研究。藉由藝術家太田泰友的書籍藝術與岡薰的聲音裝置藝術呈現出生命誕生所隱含的宇宙觀。

直島

自然與藝術之島

相傳直島的「直」取名於因保元之亂流亡讚岐國，泊經此島的崇德上皇。崇德上皇有感島民親切、純樸的樣貌，將島嶼取名為「直」，即為率直質樸之島。

然而直島與其他瀨戶內的小島一樣，因全球化、環境污染等因素，加上人口外流、島嶼價值失衡等危機；急需轉型之際時，奇蹟地迎來了知名的幼兒學習刊物「巧連智」，日商倍樂生集團福武先生決定在直島建立藝術文化村，進而攜手邀請著名建築師安藤忠雄執行

「直島倍樂生藝術之地」，打造一個屬於世界的藝術村。直島面積十四平方公里小島上，人口只有四千人，卻坐擁日本知名建築師安藤忠雄的建築、當代藝術大師草間彌生的南瓜、印象派元老莫內的睡蓮，擁有如此豐沛密集的藝術資源。甚至被國外一流藝術媒體報導，蛻變成全球現代藝術狂熱者嚮往的傳奇之地。

倍樂生之家美術館

一九九二年安藤忠雄完成了第一件於直島的建築作品「倍樂生之家美術館」，由四區建築物 Museum、Oval、Park 和 Beach 共同組成，兼具美術館與住宿雙重體驗。以清水模建築聞名，設計極為簡潔，以單色調及單純的幾何形態建築，基本形狀為圓形、三角形、正方形使用的素材包括混凝土，鐵與玻璃，運用各種材料原本的顏色，或配合混凝土塗成灰色。倍樂生之家美術館也是安藤先生首度於直島完成的美術館，其後，每三年就有新建築建成，目前一共有七座安藤忠雄的建築於島上。

館內有一個鎮館之寶，由藝術家 Bruce Nauman 所創作的霓虹燈裝置藝術創作《100 Live

and Die》，主題與一百種生與死有關。在高十尺的清水混凝土空間，僅有自然天光落下，宛如從天而降的耶穌光，在地下室閃耀著光芒。以文字閃爍打造的霓虹燈管作品，人來人往的喧囂與獨自矗立孤獨作品。將言語化做視覺藝術，在閃爍的生與死之間，留下無限的當下。

在館內能看到海的中庭，於混凝土牆面展出，藝術家杉本博司名為「Time Exposed」一系列的海景作品，是杉本先生在世界各地拍下的大海相片，彷彿真實帶點平靜的大海融入了牆上，作品表現出大海超越地理與時空限制卻連結在一起，彷彿與遠眺的瀨戶內海互相呢喃細語著。在館內日式餐廳享用午餐時，望著這片海景時，想起經典電影《海上鋼琴師》，主角告訴好友：「海的呼喚就像某種強大呼喊，告訴您生命是如此遼闊。當你親耳聽見，你便能知道如何繼續人生。」望著大海心上起了陣陣波浪蕩漾著。

自然與公共藝術結合

位於美術館周邊永久設置了知名藝術家們製作的公共藝術。以自然、藝術和建築共生為志向。最知名的為草間彌生的「南瓜」，作品設置在土棧橋前端，位於倍樂生之家沙灘入口處，成為了當地最受歡迎的地標。瀨戶內海年年夏季都會遭受颱風侵襲，每當颱風來臨時，就會讓南瓜搬家，進入室內躲避颱風。感受到藝術與生活密不可分，生活中隨處是美。在戶外公共空間，讓藝術走入自然之中，才是美存在的意義。打造出獨一無二的直島藝術與瀨戶內海特有的風景。

家計畫

從一九九八年開始，與生活密不可分的藝術，從美術館走入當地社區，改建古老聚落裡殘留的民宅，翻新成與藝術大師結合的現代藝術。如果只是單純地將老屋保存下來，沒有意義。利用現代的東西與老屋組合，融入當地歷史，珍惜土地的自然與歷史，活化既存之物，繼而從無當中創造新東西。這便是「家計畫」。

角屋

一九九八年藝術家宮島達男，翻修屋齡二百年以上的老舊民宅，走進象徵著被大海包圍的島嶼民家後，眼前是一片藝術之海，以時間為主題，反映了佛教的世界觀，表現人在連續的時間中如點一般的存在。裡面裝置了宮島達男的電子計數器(sea of time 98)。以一二五顆LED電子計數器，在水面反覆的一明一暗，並且邀請村民一同一起來為計數器設定時間，調整計數器的速度，在黑暗中不斷地從一至九跳動著。結果有一百二十五位居民應邀前來，依照各自偏好調節自己喜歡的速度。對島民來說，曾經是毫不相干的現代藝

術，藉由參與作品創作，變成生活的一部分。而藝術家宮島達男先生從那之後，舉辦更多與人連結的藝術活動。原本脫離現實的宮島先生，以直島為分水嶺，再度與他人產生強烈的連結。

南寺

一九九八年美國當代光之藝術家詹姆斯特瑞爾，創作許多以科學來探究的作品。作品背後能窺見宗教中以光為象徵，以內心靈光強化信仰。而建築師安藤忠雄先生選地的地點，也是過去南側地藏寺所在之處。安藤先生設計出以燒杉板覆蓋整體的簡約建物，這也是安藤忠雄建築師與特瑞爾最早合作的木造建築作品。在暗黑中隨著眼睛逐漸適應後，慢慢看見牆方牆上的空間，將會感受到看見光亮，在這完全黑暗中從無到能看見什麼的過程都很重要，並且意識到被光解放。

金扎

二〇〇一年藝術家內藤禮來到了島上，長時間與屋齡約二百年的老屋連結與對話，這個作品需要獨自進入，觀者可以獨享十五分鐘時光，感受作品與藝術家。人總是在大地之上，即便腳下看不見大地的時候，腳底仍向著大地，追尋在土地上的立足之地。這也是唯一需要預約的作品。

護王神社

二〇〇二年當代藝術家杉本博司所創作的護王神社，穿過一段的鳥居結界，又一段的結界，來到山頂的護王神社，幾乎已經毀損的舊護王神社因為藝術再創神域。杉本博司重新探索神社建築開始發展的起源，規劃成大自然與人與神對話的場域。在他的著作《直到長出青苔》書中，提出護王神社的建設方針是：「丟棄既存樣式，回溯古代神殿，重新設計」。地面是融合神社遺跡古石仿伊勢神宮樣式拜殿和本殿，地下則是具有石室的古墳，使用比空氣還透明的光學玻璃，讓光穿透到深幽石室裡。創造神域空間，並且進一步連結黃泉之國和太陽神的天上神殿。

神社底下的石室靈感來自於，護王神社主要

唯一的御祭神仁德天皇所處的時代，首先是由口傳神話撰寫成「古事記」與「日本書記」問世。坐落在大阪府堺市堺區的仁德天皇陵古墳是日本最大的古墓，也是世界規模最龐大的陵墓之一。然而在這個世代興建古墳風氣卻逐漸停止，之後伊勢神宮落成。這是一個古墳與神社並存的時空狀態，讓杉本將兩者結合，地面上象徵天上神殿的神社，穿越過狹長黑暗通道，進入到神社底下的石室，象徵黃泉之國，由透明階梯連接著，宛如通往人間與神殿的神聖階梯，人們從黃泉經過洗滌之後，在這一刻心靈平靜了，當離開黑暗石室透過通道走向外界時，從通道灑出一條十字的光芒，隨著天空與大海的洗禮後灑下神聖光芒，再往前走一步，眼前的視野可見水平線將天空與海洋一分為二，此景一如他著名的海景攝影作品立體呈現於眼前。

石橋

二〇〇七年藝術家千住博，是世上少有的岩彩畫大師，以礦石、貝殼、珊瑚所研磨而成得顏料，混合獸皮膠水來進行創作。於屋齡約百年

直島鹽商的舊宅邸和倉庫裡，繪製在拉門、屏風等物上，一幅是寬十五公尺的壯觀宏偉的大型瀑布畫作《The Falls 瀑布》，雖是靜止繪畫，觀賞者站立於瀑布前，宛如進入時間暫停鍵捕捉到落水瞬間。瀑布被視為天與大地溝通的橋樑，引領觀眾感受宇宙自然運行孕生的奧妙。另一幅則是《天空庭院》，由14扇紙拉門畫構成，畫作靈感來自於瀨戶內海。

棋會所

二〇〇七年木雕藝術家須田岳弘，根據過去島民下棋會所的記憶，重新蓋房舍，庭院種有山茶花，面對庭院的和室房內，裝飾了以精巧的手藝木雕的山茶花，創作靈感來自速水御舟畫作《名樹散椿》。他曾說：「不起眼也是觀看的一部份。」多數人都把目光和視覺效果，放在吸引眼球事物上，卻忽略了細微才是真正關鍵。

廢社

二〇〇七年藝術家大竹伸朗，改造牙科醫院兼住家的建築物，使用廢棄物，廢材和霓紅燈管，裝飾成一種時空混沌的異空間。

安藤美術館

二〇一三年建築師安藤忠雄，以百年的木造民宅改建而成，館內有安藤先生參與設計地中美術館等相關設計圖資料。清水混凝土打造而成的內部空間，濃縮了安藤忠雄的建築要素與時光軌跡。

地中美術館

二〇〇四年開幕的地中美術館，既然命名為地中美術館，可見整個建築是埋在地裡，從外表看不見。一開始並沒有地中美術館的構想，真正的決定關鍵是，陳列的莫內兩幅高兩公尺、寬三公尺的睡蓮之池巨幅畫作。這是莫內患得白內障之後畫的作品抽象性高，充滿著無限的寬廣與延伸。莫內一生追尋光影，以睡蓮為中心，成為象徵超越宗教概念的曼陀羅。

跟曼陀羅一樣，兩側需要護衛，以基督教來說，聖壇兩側會有彼得和保羅等使徒相隨。因此邀請兩位世界級的地景藝術大師，由美國藝術家瓦爾特・德・瑪麗亞（Walter de Maria）的裝置作品《時間、永恆、瞬間》，以直徑二點二公尺的球型物體和裝設了二十七個貼有金箔的木雕，空間超脫世俗，讓人彷佛置身

聖殿之中。另一位詹姆斯・特瑞爾（James Turrell），醉心於以光線和空間為創作素材的美國當代藝術家，「光」彷彿能帶領觀看者，進入內在尋找宇宙萬物間與己的定位。兩位藝術家皆是超越單一人類的生死，以宇宙般的角度觀察世界，和莫內一樣有著同樣的世界觀，總是思考著「世界是一個什麼樣的地方呢？」。

建築師安藤忠雄把美術館建造在地下，建築物埋入地下，避免外觀突出，各個展示只靠自然採光，是個突破建築常識的傑出作品。依照天候狀況與來訪時間不同，光線呈現於清水混凝土上融合在空間裡，「光」彷彿能帶領觀看者，進入內在尋找宇宙萬物間與己的定位。

福武先生於開幕致詞說：「希望美術館成為讓來訪者沈思創造美好人生是什麼樣的空間，現今時代中這類時間與空間都太缺乏。藝術可以幫助我們內省，因而需要靈性空間，地中美術館也就是某種聖地。」

李禹煥美術館

二〇一〇年開幕的美術館是由建築師安藤忠雄所設計，從地中美術館順山路往下步行約十分鐘即可抵達。

館內展出韓國當代藝術家李禹煥的作品，他是出生於韓國在日本教學和工作。展品中包括由石材、混凝土和巨大的鐵板所創作的作品，以及在他職業生涯中早期創作的繪畫。哲學系畢業的大師，風格簡約，繪畫擅長以點、線表達生命的起始與終結，作品正是揉合了其獨特哲學觀點。李禹煥的作品常常採用普遍存在的自然物為材料，木頭、石頭、玻璃等，與現場環境的結合是最常用的組合形式。

受到禪宗和莊子思想的影響，一棵樹或一塊石頭是一個無窮的宇宙，像天空一樣廣闊無垠，超越任何固定的定義。把樹或石頭僅看作樹或石頭的觀者，所看見的不過是他自身具體化的觀念，他們把樹或石頭的意象物化了。如果超越這種物化的

心相來看世界，通過物與物、物與環境的特殊配置，消除人為賦予的意義聯想，把物放在一個更大的時間、空間背景中，所賦予的意涵就全然不同了。在美術館裡，感受到「余白的靜寂」。

好好生活，好好把日子過好。直島，由藝術家的靈感與自然與建築結合成四次元空間，在這座蓮花池般靜謐的海島上，綻放出各自獨特的生命力。注入觀者的心上，而我們被深深地療癒與充滿能量的前進。海天一線的自然風光，令來到這的都市人重新發現心的視野，原來也可以有另一種生活模式。

豐島

豐島位於宇野港、高松港、小豆島之間，是瀨戶內海重要的交通樞紐，曾經是重要的貿易據點，但是從一九七五年開始，長達十三年成為產業廢棄物非法丟棄的地方，一度成為垃圾島。島民針對產業廢棄物不斷抗爭，直到二千年才贏得公害訴訟賠償，居民雖然贏了訴訟，內心反而強烈的空虛。福武總一郎成功改造直島成為藝術之島後，來到了豐島，在現在豐島美術館的位置，周邊圍繞著寬廣又美

麗的梯田，當時卻完全放棄耕種。因此提議在復耕的梯田中建一座美術館應該很棒，獲得當地居民從一開始就大力支持與協助。

豐島美術館

二〇一〇年由藝術家內藤禮及建築師西澤立衛共同完成的豐島美術館。這個藝術空間是由二十五厘米厚、有著兩個橢圓開口的混凝土殼覆蓋而成。主題設定為「水」，豐島美術館跟其他的美術館不一樣，屋頂敞開，下雨時，雨水會流進美術館。雖然稱為美術館，但是走向建築體裡，沒有任何的雕刻或者圖畫展示，而這整個空間其實就是一件藝術品。

在這裡看到的，只有從地底湧出的泉水。或者是被風吹動，一根搖擺的線，只有這樣而已。從開放式的橢圓形天窗上，自然天光自天井洞口灑下，感受到微風的吹拂，坐在地上望著天窗，藍天上飄動的雲朵成為一幅看不膩的畫作。地面上的水珠，自洞裡汩汩冒出，順著地面坡度匯集成大小不一的水紋，想起繪本尋找失落的一角，小水珠一個人上路，滾滾滑溜著，途中遇到另一個水珠，兩人合一後再一同走上旅程，沒有了「我」的限制，在途中又遇到另一群夥伴，滾著滾著一起邁向大水盤不再分離。時而望向天，時而望著小水珠，發呆許久，透過全身體會大自然與人類之間的關係，在這裡體會到不一樣的禪意。

離開美術館後，走到美術館賣店，挑選著禮物時，看到一位當地居民阿伯，非常熱情地走了進來並且與咖啡店店員打招呼，點了兩杯咖啡，開心的跟另一位朋友聊天。

購物完離開時，望向長長漫無止盡斜坡的我，心想這麼疲累的身軀到底要如何走向島廚房呢？公車又一小時一班，正準備努力往上走的我，遇到剛剛在咖啡店裡的阿伯，他熱情的和我打招呼聊天問說：你沒有租腳踏車嗎？我跟他說：我來自台灣，從大阪轉車過來，昨天剛到還有點疲累，因此沒有租腳踏車。熱情的阿伯聽了我要去哪裡後，就說我開車載你過去吧，坐車五分鐘，你走路可能要三十分鐘喔。

在車上聊天時我跟他說，我剛剛在賣店有看到你帶朋友進去喝咖啡，並且很開心的與店員打招呼，你經常來嗎？阿伯跟我說：豐島美術館已經成為島上居民們的驕傲，所以只要外地朋友來，一定會帶他們來到這間美術館走走喔。

想起福武總一郎說著：在豐島蓋一座美術館，讓這座美術館成為精神象徵，凝結島民的向心力。豐島美術館就像是新型的神社與寺廟，不只讓島上居民恢復了自信心與驕傲，讓來訪者在美術館裡，自然而然靜下心來，感受到什麼都沒有的空間裡，察覺到自然的一切。

島廚房

以前這裡是廢棄的空屋，至今仍保存著當時的柿子樹和無花果樹，建築家安部良進入空屋，在大家的幫忙下，親手改建了餐廳，在專業廚師的指導下，利用當地的蔬菜水果，教導當地媽媽們製作成美味的傳統料理。棄置許久的空屋，因此獲得新生，以「食飲」為中心，建置成一個讓居民聚集的地方。在餐廳旁的倉庫，在藝術祭時，由瑞士視覺藝術家Pipilotti Rist所創作「你最初的顏色 Your First Color (Solution In My Head-Solution In My Stomach)」，這個藝術景點可以一併參觀。

豐島清水神社

從島廚房繼續往後走三分鐘就能抵達豐島清水神社，相傳弘法大師在唐櫃此處挖掘出「靈泉越水」湧

泉，名為唐櫃清水也是當地居民重要的生活飲用水區域。在神社旁，佇立著藝術家青木野枝的作品「空之粒子 (Particles in the Air)」。自然鏽蝕的耐候鋼材質圓形鐵片架構在一個舊的儲水槽鐵蓋上方，向上延伸形成一些空心的圓圈。

Les Archives du Cœur 心臟音的資料館

來到唐櫃港口旁由西班牙藝術家 Llobert & Pons 所設計的「無人勝出籃框」不同於一般籃球框，籃板上設有許多框，您可以發揮無限體力，以獨創規則享受投籃樂趣。

繼續往前走向寧靜的海岸線旁，黑色小木屋座落在漫長的海岸線上，踏入沙灘旁的小路，隨著海浪聲，進入如未知般的世界。進入小木屋後，在購票入口上的數據顯示著已登

入的心臟聲數量。進入展覽室，在伸手不見五指的漆黑空間內，低沉而大音量的心跳聲噗通噗通地敲醒著心臟，時而緊湊、時而微弱，隨著閃爍的燈光忽起忽滅，黑暗裡感受到自己的心跳聲呼應著。藝術家 Christian Boltansk 從二〇〇八年開始錄製來自全世界的心跳聲，至今累積三萬件以上。當初創作是為了想要遺忘死亡的存在，保留住生命跳動過的證據，但是當他聽到已逝者留存下來的心臟聲時，感受到的是那個生命已不存在的失落感。生命終將會逝去，對於生命的可能性，只在當下。在檔案室內可以搜尋所有的心臟資料，電腦內記錄著世界各地的人們登入心跳聲的時間地點，按下播放鍵可以聽見心跳聲，想像著那時候他的心境，是戀愛撲通的心跳聲，還是老夫老妻的噗通聲呢，望著眼前寧靜的海岸，感受到海洋生命跳動的痕跡。進入錄音室錄製自己心跳的聲音，將此刻炙熱的心永久保留在這裡。

Christian Boltanski 在二〇一六年於豐島設置的第二件作品「La forêt des murmures 森林私語」，這是一件永續未完成的作品，希望這些代表思念的風鈴聲，能跟豐島的這片森林一樣永存下去。參與者在風鈴上的透明片上寫下名字，也許是思念的人，不想忘記的名字，或者是你的名字，思念的心情隨著風鈴響著，

腦海中響起黃鶯鶯的哭砂，風吹來的沙，穿過所有的記憶，誰都知道我在想你。藝術家Christian Boltanski曾到訪豐島數次，帶著對大自然尊敬的心情創作，讓來訪者用不同形式在豐島這片土地上留下交集。回歸大自然之中，聽著留存下的心跳聲，進而找尋生命中記憶的足跡。

豐島八百萬研究所

由日本藝術家「Sputniko！」構想的豐島八百萬研究所，概念來自日本神話角色裡的豐玉姬，虛擬玉姬改造蠶，吐出命運紅線，幫助世人順利戀愛的故事。現場可看到由民宅改裝的玉姬房間和實驗室、結合動畫的短片，古民家融合了現代科學研究室，視覺上帶點衝突卻巧妙地將兩者結合。內部播放獨創的短片「運命の糸をつむぐ蚕　たまきの恋（編織命運紅線的蠶－玉姬之戀）」引用神話豐玉姬和山幸彥，人魚與人類結合的日本神話。故事裡豐玉姬在要生產時會變回動物形體，但卻被山幸彥給撞見。作者將這個戀愛故事改編為現代版，故事裡女主角將會發光珊瑚的基因和使女性掉進戀愛感覺的人類催情素，注入由筑波農業生物資源研究所共同研究的蠶繭裡，並且改良成功。期望參觀者可以結得良緣創造新神話，也可在現場購買展覽限定的繪馬許願。

「豐島橫尾館」

位於家浦港區域的豐島橫尾館，從港口出發沿著海岸散步十分鐘後，看到很多人站在門口對著鏡子拍照，就知道抵達美術館了。由橫尾忠則的藝術創作與永山祐子的建築所合作的美術館，改建自三家古民家由「母屋」、「倉」、「納屋」三個部分組成，石庭和水池、圓筒狀的塔，展出十一件平面作品，顛覆對日式古民家的印象。橫尾忠則的畫風百無禁忌，充滿著直接的訊息，生與死、恐懼與慾念，作品中常常展現出強烈的顏色對比與拼貼風格，永遠不按牌理出牌的他，顛覆一般人的思維，顛覆一般人的思維，不論是藝術風格或者是人生哲理，以人生唯一不變的就是變，保有赤子之心學習嘗試任何事物。位於圓筒狀的高塔裡，貼滿了一系列跟瀑布及水有關的畫作磁磚，自然的水景是跟許多看似無關的人事物交疊在一塊，產生了一種時間錯置、空間分裂的感受，反應出橫尾追求淨化心靈，與宇宙結合。務必記得上廁所，廁所內部也是藝術創作之一。

小豆島

抵達港口處，可以看見港邊的著名標的物，由韓國藝術家崔正化在小豆島港口的作品「太陽的贈禮」，正是一個島上的代表植物，橄欖葉所組成的大型桂冠，葉片上刻有島上小朋友的心願，將對未來的夢想寄託於作品中。

天使步道

位於瀨戶內海小豆島上的「天使散步道」，傳說手牽手走過這條散步道的戀人，可以永遠在一起。而潮汐可是最厲害的魔法師，讓一條長約五百公尺的細長砂洲，隱身於大海裡，一天二次隨著退潮，搭成了海上的牛郎與織女的銀河鵲橋。記得事先查好當天漲退潮時間，才能幸運的走上天使步道。

走完天使步道後，前往步道前有戀人聖地「約束之丘展望台」，從這裡除了可以眺望天使步道，還能敲響幸福鐘聲。

島上最受歡迎台灣藝術家的作品：

小豆島之戀－王文志

編織藝術家王文志自瀨戶內國際藝術節開辦以來，每屆均獲邀於瀨戶內海小豆島駐地創作，分別是二〇一〇年〈小豆島之家〉、二〇一三年〈小豆島之光〉、二〇一六年〈橄欖之夢〉，二〇一九年新作品則是〈小豆島之戀〉。島上有一首人人皆知的歌曲名為《橄欖之歌》，描述少女戀愛的心情，將對於戀人的愛情與小豆島的思念融為一體，成為此次作品的靈感來源之一，即使離開小豆島，人與人的關係，在島上一同度過的時光記憶是不會遺忘的。結合小豆島中山村村民、台灣嘉義與澳洲 Cave Urban 建築團隊的共同創作，藉由藝術創作喚醒島嶼力量，讓瀨戶內海成為希望之海。在同一個地點持續創作作品，對藝術家來說是極大的挑戰。「小豆島之戀」由三個空間組成，依序是玄關、心靈跟開放表演的空間，作品呈現傳統竹材編織的美感。猛夏烈日當頭，進到竹子空間內，意外地感受到涼意，小朋友光著腳丫，在竹子空間內的大石頭爬上爬下玩得不亦樂乎，在旁邊的大人放鬆地躺在竹子，享受竹子內陽光透過縫隙，灑在室內的光影帶來的空間禪意。在這裡心靜了，想起和禪宗有密切關係的茶道裡有一句話叫做「一期一會」，和他人相遇的這一刻，是無可取代，不會再來的寶貴時光，必須保握珍惜當下，和對方相遇的時間，必須帶著感恩的心，接受人與人相遇的緣分。而這個空間與同樣的光影也不會再來，當下的瞬間讓人動容。

跨越國境 波 - 林舜龍

地景裝置藝術家林舜龍多次以《跨越國境》系列參展，本次於小豆島展出作品《跨越國境・波》，延續二〇一六年《跨越國境・潮》的世界小孩之主題，運用當地的竹子，集結當地村民與台灣志工的力量，在同一片海灘上編織出巨型仿深海生物，透過台日兩端一同疏伐竹林到參與竹工藝創作的過程，讓參與的群眾，跨越語言的障礙，以身心直接感受人與人之間的互動。

從二〇一三年瀨戶內國際藝術祭上首度亮相的《跨越國境・海》，在豐島以漂流木打造出巨大的棋盤腳果實造型稱為「種子船」。

二〇一六年瀨戶內國際藝術祭，林舜龍交出了看似與種子船完全不同的作品《跨越國境・潮》，帶來另一種震撼，在海灘上有一九六位孩童泥像立在小豆島的海灘上，象徵著來自不同國家的世界小孩。以當地的海沙、黑糖、糯米粉等天然素材塑成，這些小孩與象徵著母親的木頭種子船，相較之下非常脆弱。一九六位小朋友的泥像隨時間而漸漸溶於海潮中，隨著海漂洋世界，回去他們的故鄉。

二〇一九年瀨戶內國際藝術祭以「海洋生物」為主題，《跨越國境・波》以超過四千根竹子打造成彷彿海膽的外型，內在的空間仿若一個胎體。有一根垂繩，小孩開心的搖盪著，從陽台可以看到站在海中的小孩，往海的方向延伸的竹子，就像是要伸往整個世界，將二〇一六年時溶於海中的孩子們都召喚回來。佇足在潮間帶的一塊礁岩上，閉目沉思的鑄銅孩子，隨著潮起潮落，忽隱忽現，從海平線的彼岸走了回來。漲潮時分來到海岸邊，努力找著站在岩石上的小孩，突然看著浪潮一陣湧進與一陣退出，小孩的身影一下隱現一下淹沒，世界上有多少的孩童為了游向自由的國度，可能消逝在浪潮裡，這一幕的場景震撼在心裡一直到旅程結束都難以忘懷，祝福世界上的孩童們能自由開心的在大地上奔跑。

橄欖公園

小豆島是位於瀨戶內海上的第二大的島嶼，行政劃分於香川縣，氣候溫暖宜人有如地中海，適合栽培柑橘類植物，也以栽種橄欖樹之發源地聞名。橄欖公園種植了約三萬多顆橄欖樹，至一九〇八年由地中海引進橄欖，日本從美國引進了作物在三重、鹿兒島及香川三縣試種，其中只有小豆島因為氣候及土壤適合橄欖的生長，順利被栽

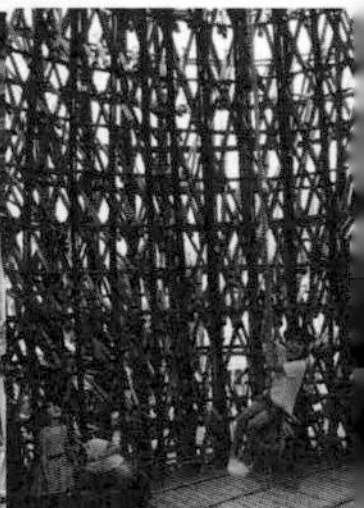

培，在大正時期首次成功榨出了橄欖油。橄欖的銷量更是位居日本之冠，橄欖公園佔地廣闊，包含了橄欖紀念館、香草溫室、香草商店、地中海風車、溫泉、和平廣場等。橄欖也被選為香川縣的縣花及縣木。在這裡也是真人電影版的「魔女宅急便」的拍攝場所，因此在園區內，隨處可以見到拿著掃把拍著跳耀照的小魔女觀光客，成為了另一個有趣的風景。在這裡吃完中餐，品嚐了一隻橄欖油冰淇淋，滿足地前往另一個藝術作品。

醬の鄉散策

漫步在醬油鄉裡，有許多美麗的日式建築，日本藝術家以當地的名物「橄欖」，在醬油鄉的橄欖樹林裡設置雕塑作品，打造成有貓王髮型的無厘頭造型，藝術家清水久和在橄欖王背後開了一個方形凹洞，作品管理人石井岩男是當地居

民，不定時補充當季水果放置著，成為一個無人商店，可以自行付費購買。並且準備了好幾頂貓王頭假髮，讓前往的民眾也可以成為藝術品一同拍出趣味的照片。

GEORGES gallery

來到醬油鄉別忘了買一隻醬油口味的冰淇淋來品嚐看看，品嚐完冰淇淋後，我們依循著指標前往二〇一九年首度參與創作的法國視覺裝置藝術大師 Georges Rousse 的作品，在荒廢的老屋裡，日式房舍重新整頓改造後，以他擅長運用不同元素與材料，重新為建築空間配置並上色，塗上金箔色的色彩打造出如2D般實為3D的錯視創作，只有在空間的中間正位才能看到完整的圓，要努力尋找角度才能拍出在背後的金箔色彩圓光。

静寂の部屋

漫步走在醬油鄉，走向由小豆島醬油工業組合事務所空間改造，由藝術家 Hans Op de Beeck 以灰色單一色調呈現的空間，施展他的石化魔法，有如被石化般的雕刻裝置藝術《The Silent Room》。進入房間後整間都是水泥色的雕塑物，彷彿世界沒了色彩，小鹿成為灰色，池塘成為灰色，書架上的書也像抹上灰一般，孩童閉著眼睛沒了生氣，被眼前呈現的顏色震嚇了心，不自覺靜了，原來藝術家希望能營造出一種視覺上的想像空間，提供觀賞者疑惑、安靜和反省的空間。仔細觀看尋找後，在樹上的花瓣上綻放了稱為希望的色彩，在一片灰黑靜止後的世界，大地將自然重生，我們見證了大自然生生不息的生命力與希望。

Star Anger

在坂手港的燈塔遺跡上設置巨大立體作品，龍停駐在閃亮的球體上咆哮，堪稱小豆島地標之一的「Star Anger」，是一個不停自動三百六十度旋轉的巨大鏡球，球身佈有放射狀的黑色尖刺，球體上方盤旋一隻長得很像蜥蜴的龍，紅色的眼睛與張開的利口，象徵憤怒。由長期關注核能議題的日本藝術家矢延憲司製作，將無限期設置於坂手港，光芒閃耀猶如燈塔。以往航海人稱燈塔為海上希望之星，藝術家卻在港口設置了憤怒之星「Star Anger」，對於日本這個曾於二戰與海嘯中兩度遭受核災的國家，可說是警世象徵。

5

May

さつき

【皐月】

氣候漸暖的五月，最適宜插秧播種，因此被稱為「早苗月」，後來來簡稱為「さつき」。漢字寫為「皐月」。「皐」本身身就有水田、獻給神的稻米的意義。也因為這個季節是皐月杜鵑的產季，故有「皐月杜鵑」之稱。

YAKUSHIMA

屋久島

やくしま

天之恩賜 水之森樂園

白濛雲霧、水氣瀰漫，締造者在大地上灑下一抹綠，
覆蓋成青苔森林，漫步於仙境般的千年古杉「白谷雲水峽」。

天之恩賜、水之島嶼，於太古之森讓自然能量量淨化身心，
精靈出沒神靈棲息之地「屋久杉森林樂園」。

我們的生命太短，來不及見證那些遙遠到令人恍惚的詞語，
比如天長地久，海角天涯，滄海桑田～
但是，可以來一趟健行，感受宇宙光河於山林中留下的奧妙。

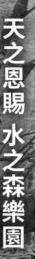

「傳說中，能夠去屋久島的人，是因為屋久島的山神對你發出了邀請，是山神在呼喚你。」倘若屋久島沒有邀請你，即便你再想去，還是無緣成行。跟隨著心裡的渴望，來到千年杉林織繪成的奇幻場景，感謝山神的邀請。

屋久島，九州鹿兒島最南端約六十公里外海上，一顆五角圓形海上綠寶石，島上九成以上滿布著數千年的杉木，有日本最原始的亞熱帶和高山森林，森林佔據島嶼面積約百分之七十五，其中最高峰為宮之浦海拔為一九三六公尺，而這也是九州最高峰，第二高峰也是位於屋久島上的永田岳。在屋久島上有四十六座山峰超過一千公尺，也稱為『海上阿爾卑斯山』。

屋久島島旅有三條經典自然遺產的登山路線，分別是初階版的屋久杉樂園，進階版的白谷雲水峽，和達人級的繩文杉路線。

「白谷雲水峽」造物者
施予綠色魔法覆蓋於大地上

魔法公主所居住、雲霧繚繞、野鹿和精靈圍繞的古老苔之森林，座落在白谷雲水峽深處，因為宮崎駿動畫取景為這古老神秘的森林添傳奇色彩。白谷雲水峽海拔六百至一千公尺，一個月內下三十五天雨的島嶼，「水」生命之源如此豐足，才能孕育出這片生命力強大的原始森林。多雨氣候使得山中富含水氣，枯木、岩石和樹幹都被翠綠的蕨類與苔蘚覆蓋。蒼綠和著透光的白霧，漫步在這仙境般的霧林中，也就是動畫中魔法公主想守護的鹿神之島。

白谷雲水峽的健行路線從一小時到四小時皆有：

彌生杉路線（一小時～）、**奉行杉路線**（三小時～）、**太鼓岩路線**（四小時～）

對於體力不佳者來說相對較容易的彌生杉路線，走在鋪整完整的階梯，就可以遇到三千年的彌生杉。

在入山管理處，進入白谷雲水峽的費用為一人五百日圓「森林環境整備推進協力金」，是為了維護園區環境管理費用，能提供小小的協助心裡感覺到踏實，並且給了我們一張明信片作為紀念，我們開心地往上走。看著地圖後，就貪心的想要一次都走完，於是選擇了「奉行杉路線＋太鼓岩登頂」從海拔六百二十公尺管理棟爬升至海拔一〇五〇公尺處的太鼓岩，七公里以上的路線。

入口處後為一小段人工鋪設的木造階梯，經過清流白谷川，溪流經年累月沖刷而形成大大小小的巨大花崗岩，在這裡可以看到早春的大武杜鵑、初夏的皐月杜鵑。

因為才剛出發並不覺得累，我們沒有多做停留，就繼續往前走。沒多久看到吊橋，指向通往楠川步道方向。為了先去奉行杉，所以我們沒有過橋，我們走進了登山道，前往奉行杉路線。奉行杉路線在山路上沒有指標，基本上都是靠掛在樹上粉紅亮色系的登山布條來尋找前方的路線。只有抵達國家指定特別天然記念物的大樹前，才會有介紹牌介紹樹名。宛如走進了魔幻的原始林，每棵樹都好美，感覺就像樹人一般。來到了「二代大杉」，二代杉也就是指第一代杉木死亡或被砍伐後，第二代的杉木種子落在第一代杉木上再繼續生長，形成下粗上細的杉木，自然萬物歷代傳承下，形成屋久島的一大特色。

走在原生林裡，看到「三本足杉」，彷彿擁有三隻腳跨向不同方向，夜深人靜時會行走的樹精。一眼望不盡的綠，布滿苔蘚的石頭和參天的大樹，滿滿都是自然的味道。

千年古樹伸展著枝葉遮蓋靜謐森林，山林裡時而跨越溪澗，漫溢過包覆著蒼苔的石頭，橫渡溪流時，感覺屋久鹿也許不久前才來此處喝過泉水，「三本檜杉」、「奉行杉」等等諾大的原始杉林處處讓人驚嘆，挺拔的巨杉彷彿是護林衛兵。溪流與青苔岩石踩跳起來像有著巨大磁力般，讓你步伐停不下來，拼命地往深處走，形同樹洞與隧道般穿進穿出的的屋久杉。穿越了「二代くぐり杉」與「くぐり杉」不同的樹腳形成洞口，我們像小孩一樣好開心鑽來鑽去，終於抵達白谷小屋，在這裡有洗手間也可以補充山泉水。

三本槍杉

二代くぐり杉

くぐり杉

安心的補充完泉水，並與「七本杉」打招呼後，我們繼續前行。即將進入《魔法公主》電影靈感來源「苔之森林」，日本產的苔蘚有一千八百種，在屋久島上就有超過六百種苔蘚，青綠的、淺綠的、深綠的，彷彿看盡一生人要看的綠。樹木岩石被青苔覆蓋，光影如精靈般於葉隙間嬉戲，在這裡空氣彷彿被圍住，在此似幻似真地呈現。許多日本民間故事都和木靈有關，最著名的木靈，則是魔法公主裡所描繪的大頭圓眼，小小白色的生物，是一種寄宿在樹木上的自然精靈。

放慢腳步突然傳來草木脈動的聲音，只要細心留意就會發現，原來是森林的使者屋久鹿在覓食，我們興奮著看著如此不期然的巧遇，小鹿邊吃著午餐不時望著我們，頓時間我們忘了要趕路，把握著美好的當下。繼續往上攀爬穿過了「武家杉 公家杉」經過了「雷公爺爺杉」，終於看到此行最後一個目標「太鼓岩」的指標。

山頂上突出的巨岩「太鼓岩」，也是魔法公主動畫裡描述的莫娜一族居住的世界。太鼓岩是指一枚巨大的花崗岩，這枚花崗岩處於很好的展望位置，天氣放晴的時候，站在這裏可以俯視屋久島一望無際的絕景森林。站在岩石上可以感受到大自然的力量，身心彷彿被淨化一般，恢復了元氣。據說在太鼓岩上用腳敲敲花崗岩，會發出打擊太鼓的聲響，但是在這海拔一〇五〇公尺高度上，能在石頭邊拍照，已經是最大勇氣了，沒辦法用腳敲敲打打了，這個傳說就留給勇者們去試試看吧！

下坡後拜見了「女神杉」祈求得到女神堅強的力量。往回走到太鼓岩指標休息平台時，繼續往剛剛走過的路下山，明明是剛剛走過的路，卻呈現了另一種光景。經過苔之森林又與神的使者屋久鹿巧遇，也許這片森林正式踏上神之領域的入口吧。

下山時走了另一條路「楠川步道」，四百年前奉豐臣秀吉之命，為砍伐杉木林而舖設的步道。男性搬運平木下山、，女性則負責運送食材。其步道結構是以埋在當地山丘內的巨石為基盤，再鑲嵌其他石材於其中以承接重量，並運用既有地形及當地的自然石，將人為施作部分控制在最小範圍內。在這片屋久杉和照葉林叢生的原生林中，驚嘆數千年歲月的杉樹無盡蔓延著，行經過巨大的花崗岩稱作休息的大岩處時，瞬間宛若新生的腦袋記憶全被刪除，忘記了一開始入山時有經過。望著最輕鬆的「彌生杉」約步行一小時，猶豫著要不要前往，兩公里的路線就能看到日本巨木百選「彌生杉」，我的腿告訴我遺憾就留著下次吧，這樣才有藉口再回來啊。

一湊珈琲焙煎所

下山後，回到宮之浦渡輪碼頭，明明腳已經很累了，但是還是想品嚐有島內最好喝咖啡之稱的一湊珈琲焙煎所，由咖啡愛好者高田店主創店，出身東京的他因敵不過大都會混濁空氣，決定舉家移居妻子故鄉屋久島。地理位置方便座落於宮之浦港口的等待室二樓，已經成為遊客抵達與揮別屋久島必交流資訊的好去處。

屋久杉樂園

樹木比人更深謀遠慮，更持恆、更沉靜，就像它們的壽數遠比人類長久一樣。樹木比萬物之靈更有智慧，只是人類很少傾聽它的道理。一旦我們懂得諦聽樹的語言，那麼我們短時、倉促而躁進的思想當中，也能馬上得到無比的快樂。

～赫爾曼．黑塞《園圃之樂》

位於海拔一千至一千三百公尺處的廣闊自然休養林，設計了五條健行路線，在河流潺潺的水流聲伴隨下，輕鬆進入屋久杉的神秘世界。

與自然接觸路線：（三十分～）、**古森林路線**：（五十分～）、**杜鵑河原路線**：（八十分～）、**屋久杉森林路線**：（一百五十分～）、**天文之森路線**：（二百一十分～）

在入山管理處，繳交入山費用一人五百日圓「森林環境整備推進協力金」時，管理員詢問我們來自哪裡，開心的跟他說我們來自台灣，隨後他問了我們今天要走哪一條路線呢？開心地回覆他說：天文之森路線。他驚訝地看著我們，我馬上問他山路還可以走嗎？他馬上說沒問題，很

安心的跟他說謝謝。他馬上畫了一張宛如藏寶圖的紙條給我，天文之森在走五分鐘的距離有「シャカ杉」，寫著片假名的杉樹，沒有被標示在地圖的介紹上，我把它當作藏寶圖收藏在口袋裡，作為一定要抵達的目的地。

在屋久杉樂園裡，沒有洗手間，只有在屋久杉森林路線和天文之森路線的交叉路線上，會遇到一間「攜帶式廁所」，所謂的攜帶式廁所可是沒有馬桶，需要自備攜帶式清潔袋，在指定的地方上廁所，並且將使用過的袋子自行帶下山，建議在入山管理處前有洗手間，先去上洗手間再開始登山。

當世界上每個角落都在創造高天聳立的建築物時，在這裡卻可遇上數千年以上的屋久衫，就像進入一個遠古時空，整座島就是一座遠古時空的魔法森林。沿著前半段三十分的路線，是距今三百年前被採伐的森林區域，在這裡可以見到一顆「千年杉」，對於平常沒有運動腳力不好、時間不夠的人可以來初階版屋久杉樂園，就能夠進入遠古時空並與之接觸感受到屋久杉強韌生命力。

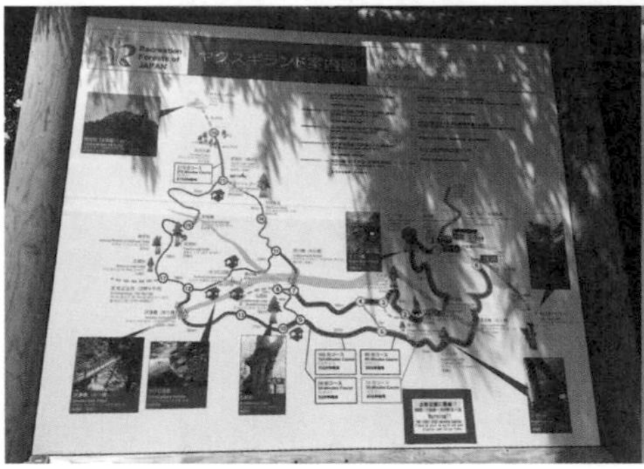

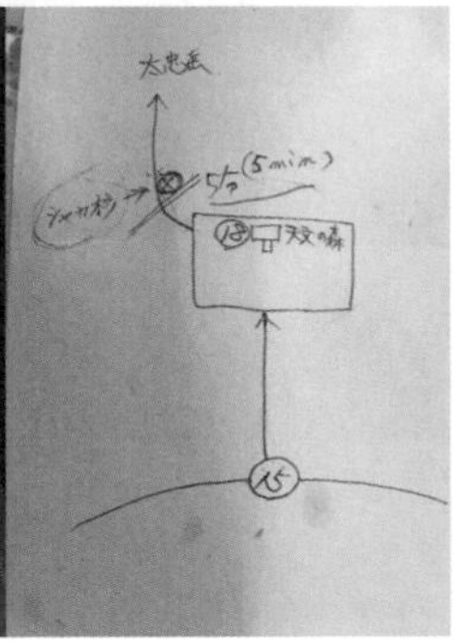

沿著荒川步道走經過了「荒川吊橋」，因為五月底下了一場豪大雨，所以路程變得更原始。經過了宛如長滿長鬍鬚的老爺爺「鬍鬚長老」，抵達倒木「蛇紋杉」為一九九七年因為遭受颱風侵襲而倒下的二千歲大樹。在旁邊有休息平台，與攜帶式廁所。

在這裡正是屋久杉森林路線和天文之森路線的交叉路線上，從這裡往太忠岳方向走約七百公尺處，會先抵達一片屋久杉天然林巨樹和佈滿苔蘚的聖地稱為「天文之森」。天文時代為西元一千五百年間遭受砍伐後，存留下的森林加上更新的森林呈現了神秘的氛圍，神木宛如獨角獸與樹人望著我們，沿途都是沒有路的樹根連結盤古石頭的古路。

在島上農曆八月十五日中秋節舉辦「十五夜拔河」，以日本榧樹編織成直徑二十公分、長度約四十公尺的繩，以繩索捲成龍神的頭面向滿月，蛇經由不斷地脫皮再生，象徵祈求有不死之力跟健康長壽的意涵。為了迎接夜露之主（指月亮與水靈）活動會從白天持續到深夜，慶祝豐收、家人平安與祈福。在往前走約二公里處會抵達海拔一四九七公尺的太忠岳處，有一顆大約三十公尺長的「天柱石」聳立著，也許這巨石，就是神道教和古事記裡述說著，透過柱子，神與人與宇宙接線的通道，屬於連接天地的橋樑。

昨天下了一場雨，今天苔蘚在陽光照耀下，散發著彩色光芒。往上爬沒多久，聽到屋久猴在山林間跳躍覓食的聲音，我們開心的邊看著他邊往前走，輕鬆的抵達今天的終點天文之森。看著天文之森告示牌後面的大樹，樹根連結成宛如無限的符號「∞」，在這裡吃著陳大哥分享的烏魚子把它夾在飯糰裡，真是山上最難忘的美食。

拿著管理處阿伯給我的地圖，繼續往前走，往前走沒多久，在前方不到一百公尺處，森林樹枝生成的方式仿若神社的入口「鳥居」，前方有一雙澄澈目光凝視著我，與神的使者屋久鹿這麼近距離相遇，凝神欣賞簡單卻生命力強大的力量，忘不了那雙神情款款看著我的小鹿，沒多久因為後方有人經過，小鹿就往森林跳走。繼續往下找尋「シャカ杉」，沒有任何指標，但是看著前方的巨樹，直覺可能就是管理處的阿伯說的「シャカ杉」，原來「シャカ杉」就是釋迦杉。屋久島上有許多龍神傳說，位於「天文之森・釋迦杉」

據說正是龍神的棲息地，在釋迦杉旁的小泉又被稱為「精靈之泉」，這裡正是龍神所保護的聖地。

大樹連接世界的天與地，經歷了悠久時光，跟隨著日升日落，見證生命誕生與離去又重生，摸著大樹淚水流了下來，心靈也被淨化，連接森林與大樹的靈魂，並且找回自己遺失的平衡。

往回走下山，經過天文之森走沒多久，遇見檔在路前方互相按摩來按摩去的猴子，我們大約觀看了八分鐘現場表演，距離近到伸手就能摸到的距離，他們還是彷彿我們是空氣般繼續互相抓癢，一直到後方有一對情侶走來，男生拿出攝影機狂拍後，告知我們他們要先走過去囉，他一往前走，猴子情侶馬上跳到森林裡，我們趕緊跟在他們後方一同往前走。

下山後，我們經過天柱橋後，看到樹高約三十三公尺一千五百歲的巨樹「天柱杉」、二千六百歲的「母子杉」、「三根杉」、還有一顆巨大的「佛陀杉」，底下樹幹部分空洞化，但是還能感受到強大的生命力扎跟著往上生長。最後經過宛如界線般，雙腳跨立在兩側「くぐり杉」，穿越杉樹後彷彿返回人間的隧道，越來越接近出口處，屋久杉樂園也是動物森林樂園，希望這片森林能一直被守護下去。

嘉義人文新境牙科醫師 PONI WU 分享與釈迦杉相遇：

紀錄這難忘的一天，今天，是我有生以來，第一次與樹對話。聽起來不可思議，不合乎邏輯，卻真實發生了。

Mimi 帶著我們走了兩個多小時，在海拔一二〇〇公尺的地方，找到了釈迦杉和精靈池。釈迦杉和精靈池，都不在登山的地圖上。當我們走過一座遍佈青苔的小木橋後，一抬頭便看到他。只這一眼，就在千古無涯時光洪流之中，認出他來。

釋迦杉高聳參天，樹幹上有許多樹瘤。其中有一顆樹瘤的樣子，就如同一個長鼻子、閉眼睛、抿嘴而笑的慈愛爺爺，讓我久久無法回神。

我望著他，情不自禁走向他，在他巨大的樹幹中央，恰巧有一片內凹之處，我先是雙手輕輕撫其上的木紋和苔蘚，然後不知為何，我有一股想更靠近他的衝動。

於是，我將我的耳朵、心和胸膛緊緊貼在釈迦杉身上，在苔蘚上的水珠浸濕我的衣服及髮絲。一股說不出來的能量出現了，突然之間，我的胸口湧現許多悲傷，這些悲傷是有關於委屈、逞強以及堅強背後的的心酸與脆弱，我的眼淚瞬間爆發，無法停止。天空正下著雨，臉頰上的淚水、雨水，還有青苔上的露水

交織成一片。

「沒關係，沒關係，你看看我啊…我在這裡千年萬年了，所以不管發生什麼事。都沒關係的，沒事的。」

我哭得更兇了，我甚至聽見自己像小孩子一樣的啜泣聲。（長大後，已經很久沒有這種哭法了）我哭，是因為突然發現自己的委屈與心酸被看見了，而這些委屈和心酸，平常我也不會特別去感受到，但它們卻是真實存在，只是在忙碌的日常生活中，被我壓到箱子的最底層去了。

今天，當我在釋迦杉爺爺的懷抱裡時，這些「壓箱寶」突然傾巢而出，讓我的眼淚無盡奔流。

「沒關係，都沒關係…」釋迦杉還是重複說著一樣的話。我哭著哭著，過了一會兒，很神奇的，我就沒事了。當下，我突然想起，在電影風中奇緣中，每當寶嘉康蒂迷惘或無助時，她都會去找柳樹婆婆傾訴。以前覺得這只不過是童話故事罷了，但今天終於親身體會到了。

那些塵封已久的委屈和心酸被哭盡了之後。雨水也洗盡了我的一身鉛華，我感覺到自己被大樹深深地療癒了，整個人乾淨、輕盈了許多。我走到釈迦杉腳邊的精靈水池，掬起水，讓一池的潔淨冰涼，滑過我的臉頰、眼睛與脖子。在這精靈水池畔，還有小鹿與猴子，在這遠古之森，他們陪伴著小精靈和樹爺爺。我雖身為人類，但感謝因緣俱足，能在這精靈的國度中，領受來自天堂的禮物。Sankara- 讓大自然療癒、洗滌與淨化我蒙塵的心。

繩文杉

黑潮帶來的溫暖潮濕空氣在此遇上屋久島的山岳，形成雲層而大量降雨。年間降雨量，沿海地區為四千毫米、山區達一萬毫米。作家林芙美子在小說《浮雲》中形容「屋久島整個月都是雨天，簡直是一個月下三十五天雨呢！」。水是屋久島的生命泉源，來自海上的濕氣籠罩在屋久島的群山間，當暖風遇上冷空時便形成雲霧，再降下為雨，雨水形成河川、瀑布再流向大海，水的永恆循環，造就屋久島上的特殊自然景觀。

特別早起出門，為了親訪兩個重點，一個是拜訪屋久島最長壽的大樹爺爺，推測樹齡為七千二百歲，可以追溯到日本遠古的繩文時代，因此而命名「繩文杉」。另一個就是屋久島有一座三千年樹齡的樹洞，從洞口窺見的天空正是一個圓滿的愛心。

清晨時分搭著車前往荒川登山口，蔓延在霧濛濛的山路上，望著前方的山路，意外的看到一隻小鹿跳到山裡。抵達登山口上完洗手間後，背著糧食往前走，來回距離二十二公里，爬升從六百至一千三百公尺處，時間約八至十小時，準備著飯糰與麵包等乾糧上山，預備著肚子餓時用餐，登山開始沒多久就進入了森林軌道，鐵軌上鋪設著屋久杉平木。

大致可分為前後兩段，前半段是由荒川登山口至大株步道入口，全程單趟八公里走在以前用來運送木材的火車軌道上，坡道平緩，適合當作前段熱身；走入鐵軌沒多久，經過隧道，彷佛宮崎駿導演神隱少女的場景一樣，進入隧道後，進入了山中精靈交錯的異境，走在無限漫延的軌道上，途中亦有「小杉谷集落遺跡」據說一九六〇年代時，這裡在全盛時期有五百人以上的聚落，在前方的空地曾經是中小學的跡地。

走在鐵軌約三十分，就看到洗手間，這個洗手間是採用堆肥式沖法，馬桶裡有混合木糠等的物質，將排泄物分解成堆肥，還內置抽氣扇將臭味排走，廁所很乾淨沒有異味。走在山路上，最重要就是看到有洗手間就上廁所，看到有裝山泉水的地方，就一定要趕緊裝水。往前沒多久看到延續傳承祖孫三代的「三代杉」約一千五百年前，推定樹齡一千二百歲的第一代屋久杉倒塌後，長出新芽後成為第二代杉，被砍伐後長出來的就是現在的第三代杉，這棵杉樹據說有三百五十歲。往前走經過橋前，會看到「仁王杉」，就像站在寺院門前的左右仁王像，因而被命名。西元二〇〇〇年其中一株「吽形」仁王杉因為颱風而吹倒，現在只剩「阿形」還依舊守護著山門的入口。

鐵軌路雖然平坦，不過要走長達約三小時，實在漫長又磨腳。很想趕快走進有魔力的山林

啊。終於抵達大株步道入口，這裡很重要的是有洗手間與盛裝山泉水的場所，休息過後進入了後半段，則是從「大株步道」入口開始，大株步道的大株指的就是林區內巨大的神木，人走在其中，猶如進入了巨人的森林。由此開始為真正的山路，坡度陡峭，入口處沒多久我們看到很像是翼手龍或者是劍龍的杉木，踩踏在被杉木根莖盤結著的大石塊上，總覺得這裡的山有魔力，走在山道上我的腳底板瞬間很輕盈。我們很興奮地跳耀著，進入了僅次於繩文杉的巨木「翁杉」，在二〇一〇年時成為倒木，倒木更新後依舊放置在大地上，也許幾千年後二代、三代新生也將再度成為巨木。

告別翁杉後，抵達我們今天的目標之一，有著心形的「威爾遜株」，這株為樹齡二千年的神木，現在僅剩下樹圍約十四米的巨大樹洞。西元一九一四年植物學家亨利威爾遜（E. H. Wilson 氏）發表了屋久島的巨大屋久杉相關報導，因此以威爾遜的名字來命名。植物學者亨利威爾遜西元一九一四年與日本學者一同來台灣展開為期六個月的台灣山林探索，參觀阿里山、八仙山與太平山三大林場，走訪奇萊山甚至還登上玉山頂峰，並且採集研究了不同樹種的種子與上萬份植物採集。

大樹的外觀遍布著青苔，走入直徑約有五公尺的樹洞裡，裡面有小湧泉流過，並

設有木魂神社在內祭祀被砍伐的神木，如果沒有仔細尋找很難看出愛心的角度，我們卻意外的在愛心底下發現了形似台灣的地圖。兩個人很興奮的狂拍，發現台灣，就能發現愛，台灣真是愛的能量發射地。

經過「威爾遜株」後，會有一段陡峭的上坡路段，當腿快要受不了的時候，時而摸著大樹，感受大樹傳達的能量，時而探索不同樹型的樣貌，逐漸忘卻痠痛。神木實在是了不起的東西，樹齡幾千年，代表見證了幾千年的歷史，神木身上巨大的突起肉瘤是漫長歲月的痕跡。生長的枝葉，筆直線條優美的身形，根植蔓延盤旋與花崗岩共生，每一顆都風格獨特，傳承著世代歷史，在數百年以前，樹木被當作材料而使用，建築城池，造船，生活起居等等需求，能活上百歲以上，正因這些樹木本身就被視為「神」木，才得以長久存活下來。即將登場的就是繩文衫被發現之前，被稱作為屋久島最大的巨杉，樹齡三千歲「大王杉」。隨後在山道遇到恩愛的「夫妻杉」，二千歲的老爺爺與一千五百歲的老婆婆樹枝形成雙手互相環抱著。

終於來到在森林盡頭深處等待著我們，彷彿王者一般孤高巨樹「繩文杉」，為了保護神木，周圍已圍起不得靠近。只能在四方平台上眺望，據說粗壯的樹幹要二、

三十人伸長雙手才能環抱，也有數顆巨木合體形成一個獨特巨樹的說法，經過學者鑑定年齡在七千年以上，推定為日本繩文時期，因此命名為繩文杉，另有一說是因為樹根造型與繩文土器相似而得名。過去測量神木的年齡以樹周長計算，還可以用樹木的年輪來推算，但是繩文杉的外表凹凸不平，內部又空洞化，因此實際樹齡多少年，目前仍有爭議。繩文杉的最大樹幹周長約十六公尺，樹高約二十五公尺，可確定推測的樹齡超過二一七〇年以上，大部份學者認為六千年是比較接近的數字，因為屋久島地質顯示在約六千三百年前曾發生火山爆發，繩文杉的位置就位於火山口附近，因此年齡不可能達七千二百年。山林間霧氣迷濛，雨滴開始滴滴落，我們邊休息邊吃著午餐，並且跟山神們許願，希望雨滴小一點，讓我們可以順利回到荒川登山口。

看著前方的指標可以前往九洲第一高峰「宮之浦岳」。將大自然視為神聖並尊重敬仰的日本傳統信仰保留至今，如今依然將靈山聖地當成御神體，擁有一千二百年歷史的「益救神社」是屋久島山岳信仰的總本山，奧宮為宮之浦岳山頂祭祀著屋久島的山神「彦火火出見尊」佛名為「一品宝寿大權現」，日本神話登場

山幸彥正是浦島太郎的原型。高山雲集的屋久島，擁有悠久樹齡的屋久杉，自古以來當地居民就認為深山裡住有山神，因此對於森林都極為尊敬，居民為了向神明祈求風調雨順、漁獲豐富與平安，每年都會定期參拜。在農曆正月、五月與九月十六日舉辦感謝「山神祭」，因此當日禁止到深山打獵。

在春秋兩季的時候，島民會舉辦「山岳參拜」，屋久島三岳「宮之浦岳、永田岳、栗生岳」自古以來為山岳信仰對象。清晨四點參拜者，前往「一品海灘」淨身，並且帶著沙灘上的沙子與祭祀品有米、塩、酒，前往九洲第一高峰海拔一九三六公尺的宮之浦岳登頂祭拜，抵達山頂時，雙手合十祈求聚落平安、無病息災、漁獲豐收。並且遙拜九洲第二高峰海拔一八八六公尺的永田岳，下山途中經過海拔一八六七公尺栗生岳參拜，稱作山岳信仰中的三岳信仰。最後下山經過日本最南端幽玄世界高層濕原，位於海拔一六三〇公尺處的「花之江河」裡的小神社參拜。古時候參拜時禁止女人和小孩進入山裡，當家中的男人要進入山中時，一家人會到山和里的境界「牛床詣所」參拜，祈求一家之主平安歸來，男人便進入山中，而女人和小孩便會在這裡迎接歸來。

最初的日本神道即是自然崇拜，而自然崇拜就是大樹、石頭、河川、大海與土地的崇拜，以及動植物的崇拜，因此，神社有森林，有身為神明使者的動物，例如到荷神社的狐狸，熊野三山的三咫鳥，在繩文時期狩獵採集時代，人類住在森林裡，最直接感受到的就是大自然的威力，因此會把大自然視為神祇來膜拜。而佛教禪宗有一說法，主張經文就在風景之中，自然界本身就是佛經。神所居住的大自然，就成了朝拜之處，在日本是很自然的。看著指標，心裡想著希望下次再來屋久島，能去拜訪九洲第一高峰「宮之浦岳」。

吃完午餐後，我們又蹦蹦跳跳的下山，沿路遇見我們剛入山前遇到的日本人，和他們互相打招呼幫他們加油時，聽到迎面而來的日本人一直說我們太厲害了，他們還沒抵達繩文杉，我們已經在下山了。下山時，跟沿途遇見的巨樹們打招呼感謝他們，我們放大感官，感受山林的變化，發揮我們的想像力，每棵大樹都能發現到不同的表情與故事，好像剛剛山神有聽到我們的許願，雨又停了，蹦蹦跳跳一下就下山了，我們返回了鐵軌路線，回程也是一樣的八公里鐵道，走在鐵軌上，感受到我的鞋頭衝擊著我的大拇指，心裡一直呼喊著好想走山路，不想走鐵軌啊。在接近登山口終點雨又開始下了，感謝著山神，一直在我們快到登山口時才開始下雨。天雨路滑走在木棧道上務必要格外小心步伐踩穩慢慢走。等公車時和其他自己來的登山客聊天，才發現很多人沒發現愛心角度在哪。突然覺得我們有拍到愛也拍到台灣真是好眼力。並且遇到熱情的入山管理處的管理員，一聽到我們是台灣人，很興奮的告訴我他來過台灣十幾次以上了，超愛台灣的，年輕時因為研究斑蝶，所以常去台灣。上了巴士後，他還拼命地跟我們揮手道別。抵達屋久杉自然館，準備下車時，一站起來才感受到「鐵腿」的感覺，根本寸步難行無法走下巴士。

西部林道與「水」之巡禮

遺世獨立島嶼，如是神所眷顧的聖境，整座島嶼百分之九十是未經開發的原始森林，當以孩子般單純的目光去觀看，這個世界處處是驚喜：夜空的月輪和星辰很美，小溪、海灘、森林和岩石，隨處可見特有動植物等，不時傳來啁啾鳥鳴和溪流聲，一個不經意地回矇便是純真的雙眼望著你，或是觀看屋久猴們互相嘻鬧著都很美。陽光與樹陰在玩捉迷藏，雨滴與小溪與大海成為生命之源流動著。在西部林道裡散步，巧遇的動物們一個個都那樣自然，顯露的是本來野性的面貌，就像草木山石，日月星辰，就自然的存在著。

大川瀑布

一整年爬山量濃縮在屋久島爬完了，鐵腿了，蹲也蹲不下去。一早起床天氣超級好，好到會曬黑的程度，決定悠哉在島上閒晃，以大川瀑布為第一目標，然後去海龜媽媽產卵的海灘發呆看海。我們隨性悠哉什麼都沒帶，只帶了一瓶水，就出發前往大川瀑布，大川瀑布是島上水量和規模最大的瀑布，並且被選為日本百大瀑布之一，從八十八米高處的堆積岩一躍而下，瀑布帶來豐

沛的負離子，能夠提振活力，提升幸福感。好天氣時，可以沿著花崗岩一路走到瀑布的壺口處，穿著重看不重用，沒有任何止滑的涼鞋，帥氣的跳上第一顆岩石，就瞬間滑倒，拍著美照後，就沒有再走至近距離觀看瀑布，真是遺憾啊。在公車站牌旁，有一處名為「大川湧水」的百大名水，意思是「好水」。自古以來據說常飲此處湧水，可以延年益壽、永保健康。

西部林道

站在公車站牌處，往回原路即是回飯店看海，往反方向走則是「西部林道」。也是島上唯一開放車輛行駛的世界遺產登錄區域。不點媽走向大川湧水裝水等公車，我則跟她說，我走過去反方向西部林道看一下，原本只是要走一下，看著山道上，蜥蜴也出來曬太陽，在山壁還看到，許多躲在峭壁與土洞裡的寄居蟹也在活動著。心想著漫步於環抱照葉樹林的綠蔭林道內，一定更有機會遇上森林內棲息的各式野生動物屋久猴與屋久鹿。因為這裡的公路為了保護山林禁止開發，於是也沒有開放公車行駛，公路上有些山路非常狹窄還是九彎十八拐，為了動物和我們的安全，唯一辦法只能靠雙腿走或者是私家車。折返回去把媽媽帶（騙）上路後。果然在這條路上看到好多猴和小鹿，還有爬行類動物，我們分辨出小鹿的叫聲，與他們互動著。還看到不知道是猴還是鹿的頭骨，幫它念了十次「南無阿彌陀佛」讓它順利前往西方彼世。一邊是茂綠的森林，另一邊則是一望無際的大海，走了三十分後，媽忍不住問了，媽：還要走多久？

Mi：應該還有二十二公里…（汗）

媽：那還要走多久？

Mi：應該要四小時（至六小時才對），但是沿途有很多猴和鹿可以看喔。我們可以搭便車阿。只要有車經過，靠我可愛的笑容我一定攬得到，但是呢，多了一個人就不知道可不可以成功？

媽：我可以先躲到草叢裡，再跳出來……電影不都是這樣演。

Mi：……

伸出大拇指準備要攬便車，等了一小時後，一台車也沒有，沒有任何人與車經過，只有動物。

屋久島上有句俗諺：「人二萬、屋久鹿二萬、猴子二萬」。其實島上居民只有約一萬四千位，果然遇到動物的機會比人大。終於等到一台車經過，立馬揮手伸出大拇指，是一位從北海道移居來屋久島的大姐，今天放假出來兜風與購物。開著車帶我們穿越西部林道，車上播放著松任谷由實的唱片《戀上 Yuming 的日本之戀》，而這張專輯也成為我聽到後會想起屋久島的音樂。山道上隨處可以看見猴子與小鹿坐在路邊玩耍與散步，一點都不怕人。大姐擔心我們找不到餐廳，還貼心的把自己做的飯糰給我們吃，最後送我們到今天第二個目的地永田海濱。

永田海濱

屋久島並不僅僅只有山，永田海濱就是最具代表性的海濱之一。風化的花崗岩隨著海風飄落海邊，黃色的沙灘就是永田海濱的代表色。沿著海邊我們經過一間非常特別的古民家「送陽邸」，是屋久島最受歡迎的古樸民宿，由傳統和風的日式民宅改建，聽老闆說，這些獨棟的古民宅，歷史年份從江戶到昭和時期都有，皆是移築過來稍微整理改建，讓所有客房都能眺望海景，也提供貸切天然溫泉提供客人泡湯，成為民宿的最大特色。離海灘步行只有十秒鐘的距離，躺在搖床上聽海聲放空是最大的享受。也是知名女歌手 Hebe 的《靈魂伴侶》MV 中出現的民宿。

這片美麗的海灘全長約一公里，屋久島一九七三年起以法律保護海龜，降低了因為定置網被誤捕的海龜數量，永田海濱是赤蠵龜在北太平洋最大的產卵地，二〇〇五年由於永田海濱的特殊生態環境，得以在拉姆薩爾濕地公約註冊。赤蠵龜通常在每年五至七月夜晚海龜媽媽上岸產卵，而產於沙中的卵約在四十五至七十五天透過陽光與地熱來保暖孵化，七月底至九月，孵化出的小海龜們聆聽潮水的聲音返回大海。產卵中的海龜媽媽對於光線十分敏感，因此這期間晚上來到沙灘，附近的民宿與街道路燈晚上一定會熄燈，讓海龜媽媽們可以安心上岸產卵。看著海岸線上，有海龜媽媽爬行過的痕跡，希望小海龜們可以順利孵化，平安迴游到大海，海龜媽媽隔年還能再平安找到回家的路。

在美麗的海灘對面，有一間「NPO法人屋久島うみがめ館事務局」屋久島海龜館是唯一位於島上的非營利組織。一度因經費不足而關閉，但因為對於海龜保育的熱情，相關人員在二〇一九年決定捲土重來重啟組織。海龜館目前僅有少數員工竭力支撐海龜保育的工作，為了讓已經被列為瀕危動物的赤蠵龜不致滅絕，希望招募對海龜保育有熱情的志工，一起加入維護海龜生態區的行列。館內展示著動物標本和海龜生態相關的資料，有興趣者可以參加短期志工或者是來到館內了解海龜的生態知識。

走在路上努力尋找餐廳，不是方圓百里沒有店家，就是在週六老闆隨性到「臨時休業」的狀態，在路上走路時，遇到一位開車的日本人停下車問我們要去哪？跟他詢問餐廳後，順利找到可以休息看海的餐廳，日本小弟來自鹿兒島，預計來屋久島出差一年，聽到我和媽媽已經去爬了三座山很驚訝，他說他自己都還沒有去爬過繩文杉，也沒有開車去過西部林道，他說當地人平常是不會開那一條，他問了我們怎麼去呢？我說我們從大川瀑布開始走，之後就伸出大拇指，就到這裡啦。突然覺得「大拇指」太讚了。日本小弟大笑，佩服著我們母女倆。他問我說還有哪裡沒去想去呢？馬上跟他說：千尋瀑布，也是一個沒有車到不了的地方啊。日本小弟馬上說：可以帶我們去喔。天阿！真是願望實現啊！

島上共有一百四十多條河川，瀑布更是有許多不同的特色，除了大川瀑布外，最有名的則是「千尋瀑布」。位於屋久島本富嶽（モッチョム岳）山麓處，從巨大V字形花崗岩的岩盤上飛流直下，落差約六十公尺的瀑布。因巨石之大約需上千人牽手才能圍住，因此得名「千尋」。位於半山腰，沒有交通工具的話，也是很難抵達。非常感謝在屋久島上遇到的您們，讓我們來到這美好的大自然裡。

PS:請勿模仿搭便車啊，免得在沒有訊號的山區，一台車也沒經過，真的只能靠雙腳了。

不點媽當日心得番外篇：

有人看到瀑布就很興奮說要去「灌頂」，穿涼鞋跑到岩石上馬上滑倒，可惜沒有錄影真的太可愛了又好笑，原本要搭公車回飯店、Mi自己去走了一段林道後，就把我帶離開站牌往林道走，三分鐘後我看著公車司機，在後面哭著跟他揮手，因為錯過他後，四個小時才有車。

今天真的是幸運的一天，Mi說走完林道要二十三公里大約是六小時，走了大約四十五分連一台車也沒有，又只有帶一瓶水，從後面聽到車的聲音，Mi趕快衝過去伸出大拇指，跟她說話，我們就上車了，我才鬆了一口氣。

這是我人生中第一次搭便車，誰知道，又有第二次。

到了海邊，看到海龜產卵路線也撿了好多的貝殼，Mi去海邊找餐廳，遇到好心帥哥主動跟我們聊天，然後完成Mi想去無法去的千尋瀑布。今天真是太幸運了，林道與千尋瀑布，我們沒有租車跟本無法到達，原本氣象說今天下大雨預報，一起床大晴天，還完成了Mi想去的地方的夢想，謝謝屋久島精靈的幫助。

島旅 島宿

Sankara Hotel & Spa 屋久島

Sankara Hotel & Spa 屋久島於二〇一〇年開幕以 Villa 別墅呈現，約三萬平方公尺的佔地，一棟棟的 Villa 座落於山林秘境。飯店擁有絕佳的地理位置，背後是山林，遠眺是一望無際的海景。即使是最基本的標準房，室內空間都有五十三平方米，還有陽台讓住客能自在享受私人空間，享受山林時光。

一抵達飯店後，飯店很貼心的請來自台灣的服務員阿瑋，為我們熱情地介紹飯店服務與房間設施，因為他我們更喜歡這間旅宿。在隱世森林好好享受叢林鳥叫聲，在海天一景的游泳池發呆曬黑，坐著看書、或者是穿著泳衣不下水。開心的在飯店睡到自然醒，呼吸著大地的日月精華與芬多精，看著時而下的雨滴。如果剛好滿月時入住，天候狀況良好的話，還能看到清楚的撒下一道月光海。

飯店後山也有一條探險路線，詢問飯店人員如何前往時，飯店人員很緊張，馬上拿出防蚊蟲液，噴灑在我們腿上，告誡我們山區裡有水蛭，如果被水蛭咬到一定要立即拿掉，不然放久了，就會咬著不放很麻煩。我們走到後山稍微繞了一下，不是知名觀光景點，卻意外很有原始感。屋久島流傳許多信仰傳說，當地居民相信深山中，住有美麗的木之精靈，島上老一輩的人常說自己遇見過山姬，常告誡年輕人在深山若遇到山姬，一定要在山姬前先對她笑，否則就會被山姬吸血，讓雲霧繚繞的屋久島深山更增添神秘感。走在山林裡，深覺得屋久島整座島嶼隨處都是驚人秘境，就如飯店的名字 Sankara，梵文為上天的恩賜。

當我們去爬山回到房間時，溫暖的洗澡水已經放好等我們了，對於 Sankara 貼心與剛剛好的細膩服務，如果再訪屋久島也會想再來的必選住宿。

旅館有兩種餐廳供選擇：

「ayana」以九州創意料理，主要供應自然食材豐富的日常佳餚。

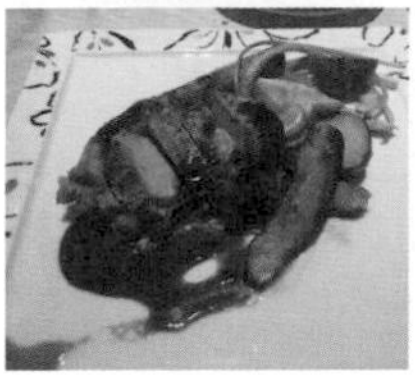

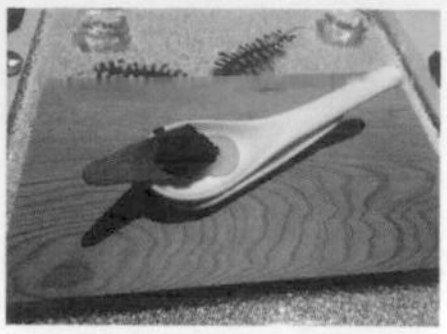

這裡的甜點與麵包驚人，讓人一直想再吃，採用屋久島的水所烘焙的麵包，當地的軟水其實並不適合製作麵包，但是 Sankara 的麵包師傅自己培育酵母，經過多次的試驗改進之後，終於做出香軟美味的麵包。

「okas」以自然派創作法式晚餐，這裡的法式晚餐讓人驚艷，首席料理長武井智春曾遠赴法國，於米其林三星餐廳修業，他先後在獲得米其林三星 Joel Robuchon 與 Jean Claude Vrinat 等名廚旗下餐廳學習法式料理，在自家飯店種植有機山菜，海產取自黑潮洋流帶來的大海恩惠。充分發揮結合屋久島的特色美食，完美地將食材之精華，以法式烹調手法呈現，創意與風格獨樹一幟。在這裡我們遇到來自台中的潘小姐，為我們熱情的介紹每一道料理，有當月生日的壽星，飯店於晚餐時就會準備驚喜的慶生活動，回到房間又是另一個讓人會心一笑的驚喜。不論是服務與餐點都讓人難忘。

健行注意事項：

1. 山區的年降雨量約一萬毫米。必須穿著速乾性的服裝，並攜帶雨具。更換的衣服和行動電話等務必裝進密封性的塑膠袋。鞋子要準備防水性的運動鞋或登山鞋。有手套的話更方便。
2. 為了維持生態系統和自然環境，請遵守帶走垃圾和禁止進入的指示。上廁所的地點也有限制。此外，亦禁止在山裡升火。
3. 登山的基本常識是早點出發、早點抵達。要擬定時間充裕的計劃。回程的小巴士時間也要事先掌握。
4. 登山過程中，僅能住宿於規定的山屋。住宿於山屋的情況下，不需要事先連絡，也不需要費用，但是因為山屋無人，所以必須自行準備糧食和寢具。
5. 下雨時水量容易易暴漲，會造成河川無法度過，請特別注意天氣預報。
6. 對於不熟悉的的路況，請不要獨自一人上山，可以請當地嚮導帶領請往，開心上山，平安下山最重要。

屋久島歷史：

屋久島的歷史起源約從一千五百萬年前開始，因為地殼變動而產生屋久島，可追朔到中生代白堊紀時期。中生代白堊紀時期的屋久島還在海底，約在中生代末期因地殼變動，海底形成裂縫，岩漿由地底數十公里處推擠而上，花崗岩從中隆起，全島約百分之九十由花崗岩構成。

從分布在島內的繩文遺址來看，據說可以看出約七千年前開始有人類在此生活的痕跡。繩文時期的人們認為森林本身就是神明，生活在森林環境中，並且珍惜森林資源，小心不破壞自然生態。歷史上最早的紀錄出現在中國的隋書，西元六〇七年隋煬帝的時期中，曾記載到夷邪久國，被認為就是指屋久島。

第一次遭到砍伐是在西元一五八六年，由於豐臣秀吉命令籌措京都方廣寺大佛殿的建築材料，屋久島島上豐富的森林資源受到注目。到了江戶初期當時統治屋久島的島津家陷入財務困難，以屋久杉取代一般做為年貢的稻米，二三一〇片平木換算為一俵米，為了安定島民的生活以及島津家的財務，大量砍伐屋久杉。深信神靈居住於森林中的當地居民，猶豫並且抗拒著伐木，在西元一六四〇年時在屋久島安房出身的高僧泊如竹，他為了促進屋久島的資源再利用，說服了當地居民：「得到山神靈的許可，沒有神的樹可以砍，可以把斧頭靠在大樹的旁邊，隔天如果斧頭倒下來，代表這棵大樹裡住著神仙，神仙把斧頭踢倒，因為大樹住著神靈所以不能砍」。島上的居民因為販賣木材生活得到了改善，伐木工人在泊如竹高僧念咒祈福後，才會砍下大杉樹。之後，以砍一棵樹，種植十五小株杉的比例植樹，以求杉樹生生不息。據說到了幕府末期，遭到採伐的屋久杉佔了全體的五至七成。

由於堆積岩地盤，土壤層養分含量非常低，生長速度較慢，比其他的杉樹儲藏六倍以上的豐富樹脂。

樹脂的特性不僅可以防蟲並且預防腐爛變質，因此形成樹齡在一千年以上的屋久杉。從這些被砍伐的痕跡，又再長出了樹齡未滿一千年被稱為小杉的年輕屋久杉，同時也創造了現今屋久島獨特的森林景觀。西元一九四二年屋久島原始杉林被列為為天然紀念物，於西元一九六四年被編入霧島屋久國立公園時，對於杉林的砍伐仍持續進行。一直到西元一九八〇年代左右，屋久島才全面禁止砍伐，西元一九九三年和白神山地同時被列入聯合國世界自然遺產的秘境。

6

June

みなづき

【水無月】

正式步入炎夏，也是農作物需要大量水分滋潤的時期。由於天神把雨水全部降到地球上，天上就沒有雨水了，因此六月稱作「水無月」。

WAKAYAMA

和歌山

わかやま

高野山、熊野古道 蘇生之地

和歌山 山與海的彼端，
伊勢半島 神與佛合一心，
於隱世美景 讓自然喚醒心靈之窗，
高野山、熊野古道 聖地巡礼。

佛教與群山之美 極樂淨土聖域「高野山」

如果說大自然能夠帶領人類更接近宇宙的奧妙，那麼高野山就是最好地體現。藏身在海拔九百公尺的山群裡，沈澱心靈、冥想深思。

源頭「慈尊院、丹生都比賣神社」

高野山創立於西元八一六年同時期創建慈尊院。高野山從創立開始直到十九世紀末，禁止女性進入高野山參拜，於是這座位於前往高野山路上的慈尊院，自古以來歡迎虔誠的女眷留宿，女性參拜者只能在女人高野停留遙拜，因此有「女人高野」之稱。

弘法大師在創建高野山時，每個月會有九次從高野山步行二十二公里路下山與母親相會，因此稱為九度山。慈尊院正是弘法大師佛教之母「玉依御前」的寺廟，充滿了偉大女性的力量。沒有懷胎十個月的媽媽，也不會有後續影響日本佛教深遠的空海誕生。弘法大師的母親八十三歲入滅後，為了紀念母親因此創建了

慈尊院彌勒堂，安置彌勒菩薩，保佑前往參拜的女性們早生貴子、安產順利。在這裡有許多特地為了女性祈禱的御守，特別是女性疾病乳癌等等，在寺院賣店可以看到非常特別的是有女性乳房圖案的御守與女性乳房的繪馬。可以感受到弘法大師母親的力量溫柔的守護著慈尊院。

往石階上走一一九個石階，抵達「丹生官省符神社」。丹生官省符神社是空海創建慈尊院時，用來祭祀當地守護神的神社。丹生官省符神社主祭神為天照大神與她的妹妹丹生都比賣大神，以及丹生都比賣大神的孩子高野御子大神皆為真言宗之守護神。

傳說空海自唐國學成歸國後，從京都出發前往日本各地行腳，找尋真言密教修法的道場，有一天在大和國宇智郡，現今位於奈良縣五條市，遇見了獵人及黑白二犬，獵人告知空海：「高野適合興建道場」。並且讓黑白兩犬引導帶路，行經一處守護高野山的地主神「丹生都比賣神社」，空海祈求女神同意將高野山作為真言宗修法的道場，女神現身同意後，空海登上高野山，只見該地周圍山勢宛如蓮花盛開，並且在高野山找到從唐國回日本前，投擲的三鈷杵顯現在三葉松上，得知此處是天下無雙靈地。這位獵人正是狩場明神（高野御子大神）所化身的。空海在取得嵯峨天皇朝廷許可後，開始於丹生都姫神所獻的高野山聖地上興建真言宗根本道場。

慈尊院、丹生省官符神社、高野參拜道町石道這三處是串連在一起。町石也是前往高野山的重要指標，在途中每一町距離約一〇九公尺，建立一座高約三公尺的五輪卒塔婆形石柱，從慈尊院至高野山壇上伽藍根本大塔，約二十二公里的山路上共建有一八〇座町石。傳說空海自唐國學成歸國後，從京都出發前往日本各地行腳，找尋真言密教修法的道場，有一天在大和國宇智郡（現今位於奈良縣五條市），遇見了獵人及黑白二犬，獵人告知空海：「高野適合興建道場」。據說以前參拜者前往高野山參拜時，在登山途中會對町石逐一雙手合十禮拜，祈求平安抵達。弘法大師將九度山作為前往高野山參拜的重要表參道，由慈尊院為起終點，祈求黑白狗引路，沿著參拜道町石道通往高野山，自高野山由空海開山以來，即被視為信仰之道路。

守護高野山之女神「丹生都比賣神社」

為和歌山縣最古老的神社之一，已經有一千七百年的歷史，在全國有一八〇間神社祭祀著「丹生都比賣大神」，而這裡為總本社。作為弘法大師高野山開山以來成為守護高野山的母子守護神。

最主要祭祀著守護高野山之女神丹生都比賣大神與高野御子大神。丹生都比

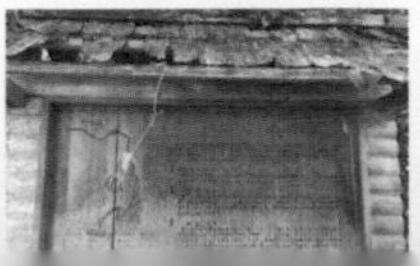

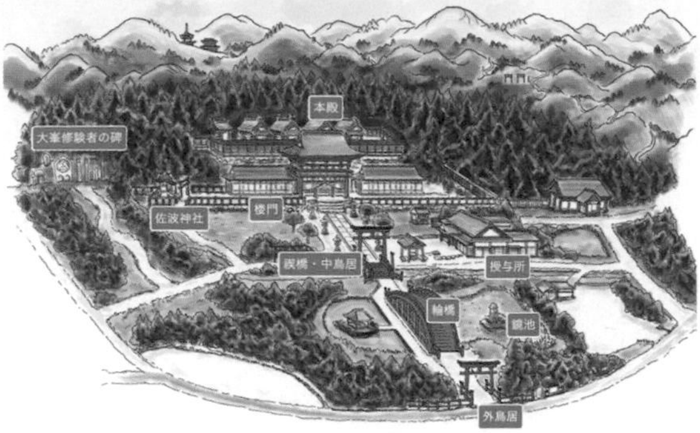

賣大神是天照大神之妹妹，稱作稚日女尊。丹生都比賣大神與高野御子大神一同巡禮紀伊與大和地方，以及產有朱砂之礦場巡行後，留下教導人民農耕織物方法，最後鎮守於天野之地，即丹生都比賣神社所在地。位於天野土地的高野山亦是女神丹生都比賣大神所守護之山，即是地主神。祓除一切災厄，守護萬物的女神，同時也是不老長壽、農業、紡織之守護神。高野御子大神為丹生都比賣大神的孩子。以「狩場明神」化身為獵人顯現於弘法大師面前，並且派遣黑白二犬引導至高野山，被稱為引導人生夢想方向之神。兩位守護神成為引導高野山的重要光芒，也是日本神道教與佛教融合的源頭。

鳥居前是朱漆太鼓橋，也被稱為輪橋，是專為眾神渡河所造的。傳說現在的拱橋是豐臣秀吉的側室淀君所捐贈的。橋上繪有丹生都比賣神社的繪馬。在平安時代和鎌倉時代，祭神活動會在橋上進行。現存的本殿為室町時代重建，是日本最大規模的一間春日造建築，在朱漆之上綴以雕刻和其他色彩雄偉壯麗。二〇〇四年本殿、樓門及境內被登錄為世界遺產『紀伊山地的聖地及朝聖路』之一部份。

龍神和水之女神保護的聖地「高野山」

壇上伽藍 - 金剛峯寺、根本大塔、金堂、靈寶館、德川家靈台、受戒體驗

高野山位於和歌山縣伊勢半島，是日本最重要的佛教寺院群之一，是弘法大師所創建的密宗教派真言宗總本山金剛峰寺。高野山由一一七座寺院所組成，致力於佛教密宗的研究與修行。西元八〇六年，弘法大師從唐朝返回到日本，並開始傳授真言宗佛法。十年後，得到皇朝的允許，在海拔八五〇公尺處開創高野山，周圍八葉山峰林立，地形好似蓮花，象徵佛法的奧義蓮花出污泥而不染，在人世間依舊可以保有清淨之心。高野山建造的形式也是以曼荼羅為藍圖所建，寺院群中最神聖的兩個區域，一個是高野山信仰中心「奧之院」，另一個是真言宗的修行道場「壇上伽藍」，弘法大師在開闢高野山時，最先著手的便是在此地建造開闢修行的伽藍。

高野山為東西方約六公里、南北方約三公里。東西方為長型地形，似有臥龍橫躺著。「東西有臥龍、東流有水源」，西邊有弁天岳鎮座，御殿川往東流，宛如龍神守護滋潤著山上一帶。空海於高野山開山時，首先確保水源是最重要之事，於是在弁天岳山頂，勸請水之女神辯才天鎮守七處水源。天長元年（西元八二四年）發生非常嚴重的乾旱，有一位法力高強的守敏僧都，便自告奮勇修請雨法，七天後雨下在京城

外，其它地方並沒有下雨。於是召喚空海大師祈雨，大師就在神泉苑池邊建壇祈雨，經過了七天，仍然沒有下雨，大師察看後，原來天下的龍族，都被守敏僧都以咒力禁在水瓶內，只有娑揭羅龍王的三女兒「善女龍王」逃出，於是就從北印度的無熱池成功召喚請示善女龍王求雨，成功降下甘霖。因此，空海便在京都神泉苑恭奉善女龍王，也在高野山壇上伽藍蓮池正中央的小島上安置善女龍王廟。

根本大塔：弘法大師在開闢高野山時，建立這座高塔作為真言密宗根本道場，是日本第一座多寶塔。從西元八一六年開始建造，耗時七十年才建造完成。現今的大塔為西元一九三七年重建後的建築，內部中央供奉的本尊為胎藏界的大日如來，四方奉有金剛界四佛，周圍十六根柱子上則描繪著十六大菩薩，形成立體的曼荼羅。

金堂：高野山的總本堂，即是舉行重要儀式的場所，於西元八一九年由弘法大師所創，現今的建築為西元一九三二年經過第七次重建的建物。本尊主要供奉藥師如來。

三鈷松：大師當年由大唐回國時，曾以大願力擲出三鈷杵法器，其後三鈷杵落在日本高野山御影堂前的松樹上，大師即知此處適合弘揚真言密教，而伽藍就在這地建立。從此之後這棵松樹就如同三鈷杵，被稱為三鈷之松。如果撿到三根葉之落葉被視為吉祥物，也可以當作護身符。

金剛峯寺：弘法大師在開闢高野山時，將高野山全域稱為金剛峯寺。金剛峯寺現今的建築是在西元一八六九年，合併了豐臣秀吉於西元一五九三年為了悼念母親而興建的青巖寺與興山寺，並且更名為總本山金剛峯寺。是高野山內最大的寺院。入內後會有不同房間，包括有著室町時代的畫師狩野元信所繪畫的推拉門「大廣間」，每一間房間的拉門繪製著美麗的襖繪，述說著高野山的四季與空海的生平故事。以及豐臣秀吉的兒子豐臣秀次自殺的房間「柳之間」。寺院的「蟠龍庭」為日本最大的岩石庭園，其龐大的岩石描繪了一對龍從雲海出現，表現了雲海之中一對雌雄龍守衛內殿的樣子。穿過一旁的長走廊後就會到達一間很大的房間，於昭和時代新開設的「新別殿」，入口處會有人送上茶點和茶，可稍作休息後再出發。本殿上鋪著柏樹皮，屋頂架著很多水桶是金剛峰寺的特色。天水桶一般是用來儲存雨水用的，一旦失火亦能迅速打水撲滅火源。

靈寶館：於西元一九二一年建立，收藏了佛教與密教具代表性的美術品，堪稱文化財的寶庫，常設開放展出高野山貴重的佛像。其中最古老的藝術作品可追溯至一千二百年，包括高野山的創始人空海大師的雕像，其中許多作品是國寶或重要文化財產。為保存與展示金剛峯寺及山內寺院所流傳的貴重文化寶物。

德川家靈台：自西元一六〇三年德川家康創立江戶幕府始，一直到一八六七年大政奉還為止的二百六十四年間，一共經歷了十五代。德川家康與德川秀忠的靈廟是由第三代將軍德川家光為爺爺家康及父親秀忠，於西元一六四三年在高野山靠近弘法大師的靈墓而修建，耗費二十年建造而成。正面右側為家康，左側為秀忠的靈堂。兩座基石相同的靈廟，最大區別是爺爺家康的靈廟前多了座鳥居，白木建造的外觀，鋪有金箔的內堂，目前已被日本政府指定為文化財產。

大師教會：在壇上伽藍巡禮後，最後來到大師教會，接受菩薩的授戒體驗，在授戒堂於漆黑的廳堂中，聆聽日常生活準則的菩薩十善戒。說法完畢後法師即一一唱名，授與在場者「菩薩戒牒」一份。十善戒牒為「不殺生、不偷盜、不邪淫、不妄語、不綺語、不惡口、不兩舌、不慳貪、不瞋恚、不邪見」

奥之院

奥之院則在壇上伽藍的東邊，被認為是弘法大師永恆冥想入定之處，也是他的陵寢奥之院御廟的所在。從一之橋至弘法大師御廟的聖域被稱為奥之院，約二公里長的參拜道被百年樹齡的參天大樹所覆蓋，美麗杉樹群散發出能量氣息，林木間佇立著赫赫有名的戰國武將，織田信長、豐臣秀吉、武田信玄、上杉謙信等等，無數知名的戰國武將的慰靈碑不分敵我地排列在千年古杉中。

名留青史的偉人到一般平民甚至到動物紀念碑，超

過二十萬座墓碑與深具意義的紀念碑，都在寂靜的森林中回歸到眾生平等。走過這條兩旁杉樹羅列的小徑，彷彿翻閱了一頁頁的日本史，沐浴著神聖佛光。到了中之橋時，在橋邊有個「汗かき地藏」，地藏菩薩因代替眾生受苦，全部由自己承擔汗水，因而稱為汗之地藏。汗之地藏旁有個「姿見の井戶」，傳說當人探頭望向井底時，若在水面上看不見自己的影子，就說明壽命將不超過三年，是當地有名的傳說景點之一。

來到御廟橋，御廟橋由三十六塊橋板石組成，加上橋體本身，一共三十七塊，代表金剛界三十七尊，特別的是在橋底下有象徵諸佛菩薩的梵字。過了橋之後即是「弘法大師御廟」是大師信仰中心聖地，境內禁止攝影、喧譁等行為，服裝穿戴整齊，行禮後才能入境參拜，相當莊嚴。弘法大師是個宗派祖師中唯一入定信仰的法師，以肉身成佛，信眾深信大師至今仍在世間拯救眾生。即使到了現在，仍每日早上六點及十點半會在御廟裡供奉食事，稱為「生身供」。他們將做好的食物先給「嘗試地藏」之後，然後由兩位僧人抬著裝有食物的白木箱送進御廟。走在最前面的僧侶被稱為維那，維那需要在空海用膳時，在一旁誦經。

＊五輪塔：奧之院參拜道上可見到五輪塔。在佛教的教義中構成宇宙中的五大要素所組成，為「空、風、火、水、地」。由下往上，方形代表地，圓形代表水，三角形代表火，半月形代表風，最上則是陀羅尼寶珠代表空。也代表了高野山生與死之間生生不息，循環復始。

「宿坊」體驗

留宿於靈峰高野山「宿坊」，品嚐精進料理，悠閒地漫步感受歷史氣息，山頂清涼的空氣淨化心靈，四季更迭的景緻令人忘記日常的煩囂。

提供有住宿設施的寺廟即稱為宿坊。在平安時代，為了配合從京都至高野山參拜的貴族，寺廟建設了簡單的茅庵。而到了江戶時代，寺廟與各方領主之間因布施而在經濟上形成密切的關係，住宿設施也逐漸擴大。寺廟以供奉祖先的形式壯大，伴隨來自各地的參拜者增加，宿坊也隨之興盛。根據一八三二年的調查，當時存在一八一二所寺院，歷經數次火災與合併後，目前有一一七所寺院，共有五十二所為

宿坊寺院。

住近古蹟遺產中，對於想要體驗日本悠久宗教文化的觀光客來說，無疑是不可錯過的禪修好時機。當然入住宿坊，在設備上自然不如旅館來得高級，特別是房內沒有個人廁所的房型偏多，在訂房時需要特別注意喔。然而為配合寺廟作息時間，因此在門禁和就寢熄燈時間上皆有嚴格管制。

第一次前往高野山入住「福智院」，建造約在八百年前，主要祭祀著「愛染名王」，能庇佑福德圓滿、願望實現。最為知名的便是境內的三座美麗庭園，全部皆出自於知名庭園師重森三玲之手。也是高野山宿坊中，唯一有能享受天然大眾溫泉的寺院。

第二次入住歷史知名院寺「普門院」，普門院開山歷史悠久，公元九世紀就已經具備了一定的規模。但是在漫長的寺史中，伽藍遭到多次毀壞，直至西元一八八八年，高野山大火將高野境內百分之八十的寺廟毀於一旦，普門院的主堂也在那時被燒毀。西元一八九〇年，德川家族將位於高野山境內的德川靈堂，裡面的古老拜殿捐給了普門院。時至今日，位於本堂內天花板上遍布著德

川家家徽，仍於寺院歌頌著這段歷史。本堂供奉的本尊是普門萬德的「大日如來」。

早晚餐體驗舌尖上的禪滋味：「精進料理」是一種完全採用素食蔬果與山產野菜烹調而成的佛教素齋，聽起來很簡單，事實卻遠不只如此。將四季的風味交織成一首和諧的交響樂，精進料理的功力，就在於呈現食材最深刻的精髓。精進料理的特色菜品，包括高野豆腐、和具有芝麻風味的胡麻豆腐等。佛教與禪宗認為吃飯也是修行。一面吃著用心費時烹調的料理，一面慢慢品嚐滋味，心也會跟著放鬆下來，重新以新的心情迎接新的一天。日本聞名於世的和食長久以來也有一支特殊流派，素以「精進料理」或「野菜料理」歸以名稱，為所謂禪食的美學。這是日本文化最初的素食主義，除了禁絕任何因為飲食造成生命相互侵害與擾動，更講求追尋與大自然四季均衡同步的食材與作息。

日本的禪食在發展成為美學之前，最初來自一千多年前，空海大師從中國唐朝返回所引入，主要針對僧人嚴格的戒律及禪定修行，所需要的身心調御而開展。在高野山至今仍然嚴持「禁絕肉魚蛋、蔥蒜五辛」等食材，出家僧人謹守絲毫不碰葷辛。聞名於世的和食長久以來也有一支特殊流派，以「精進料理」或「野菜料理」命名，為所謂禪食的美學。這是日本文化最初的素食主義，除了禁絕任何因為飲食造成生命相互侵害與擾動，更講求追尋與大自然四季均衡同步的食材與作息。

「精進」二字的意涵是改惡行善、專心致志，體現出超越口腹之慾，更講求持守自律生活。佛教界在相對嚴格要求曹洞宗的「禪門」與高野山的「密門」體系，特別是那些講求出家戒律嚴謹持守的寺院門派，仍然相當嚴格採行精進素食。

早晚餐在宿坊裡體驗舌尖上的禪滋味，採用素食蔬果與山產野菜烹調而成的佛教素齋，聽起來很簡單，事實卻遠不只如此。將四季的風味交織成一首和諧的交響樂，精進料理的功力，就在於呈現食材最深刻的精髓。精進料理的特色菜品，包括高野豆腐、和具有芝麻風味的胡麻豆腐等。佛教與禪宗認為吃飯也是修行。一面吃著用心費時烹調的料理，一面慢慢品嚐滋味，心也會跟著放鬆下來，重新以新的心情迎接新的一天。

寺院裡提供「寫經」抄寫經文體驗。弘法大師主張秉持誠心抄寫經文，可修養身心，化解一切苦難，並為自己或他人增添福祉。供訪客自費參加。每人一份經文抄寫騰本及附上自來水毛筆。雖然說經文都是漢字，對於熟悉中文漢字的我來說沒什麼問題，但是久違沒有寫毛筆字，寫到最後手指些微覺得僵硬。短短的百字經文，句句是法理與智慧。抄寫完後，寫上自己的姓名與祈願，抄經書可以帶回家亦可放在佛堂中供奉，祈求願望早日達成。

每天早晨，宿坊的主持會在主堂誦經，是宿坊每日例行的修行，稱作為「勤行」。聽著清晨勤行修練的誦經聲，唯有在宿坊留宿才能有的獨家體驗，為高野山展開一日的奧妙序幕。

夢
世界遺産登録十五周年
令和元年
神を父 仏を母に いただきて
熊野より興さむ 出発の時

蘇生之聖地
「熊野古道 Camino de KUMANO」

漫步穿越「熊野三山」
千年文化堆砌成的參拜古道

這裡是日本人的心靈聖地，
同時也是世界唯二被列為世界遺產的修行道路。
古老森林中的步道充滿神聖氣息，在徒步行進中，
徹底洗滌朝聖者的身心。

矗立熊野的紀伊山，
雄偉的瀑布和河流象徵日本傳統宗教信仰「自然即是神」。
這塊奧祕的景觀又被稱為神靈居住之地，
是一條自我發現、淨化和療癒的必訪之路。

位於紀伊半島南部的熊野本宮大社、熊野速玉大社，以及熊野那智大社和那智山青岸渡寺，三社一寺合稱熊野三山。千年以來，熊野神祕的紀伊山地，古老的森林、壯觀的瀑布、悠長的河川，被認為是神靈居住的聖地。通往熊野三山的參拜道路就稱為「熊野古道」。熊野被認為是神靈鎮守的黃泉之國蘇生之聖地，攀越漫長險峻的山路，踏上神靈棲息的熊野古道，為朝聖者提供了一條通往內省、淨化以及療癒的道路。被視為能在現世帶來好運，死後也會引導人們踏上淨土。

平安時代，想前往熊野參拜，必須抱定可能死往的覺悟，才能踏上這條險峻的旅途。即使如此，從約二千年前第十代崇神天皇開始，盛行於平安時代中期到鎌倉時代，平安時代末期開始，許多人深感末法之世已經來臨，鎌倉時代是人心惶惶秩序崩壞的年代，由天皇和貴族紛紛踏上長三十至四十天的旅程。從當時的首都平安京（即現今京都）翻山越嶺長途跋涉，尋找俗世間的極樂淨土。從延喜七年（西元九〇七年），宇多天皇開始踏上熊野古道御參拜（白河天皇九次、鳥羽天皇二十一次、後白河天皇三十四次、後鳥羽上皇二十八次），一直到弘安四年（西元一二八一年）三月，龜山天皇巡禮後，熊野信仰在皇室及貴族間十分流行。

進入江戶時代元和五年（西元一六一九年），紀州藩主德川賴宣極力復興熊野三山，加上一遍上人和熊野比丘尼走遍全日本宣揚熊野信仰，讓熊野三山的知名度擴及全日本。更滲透至武士普及到平民百姓，

越來越多參拜者前來，絡繹不絕地步行在古道上，廣受許多人們信仰，被形容為「蟻の熊野詣」宛如蟻隊的熊野參拜。

狂熱的主要原因，由於熊野三山將傳統的神道和佛教結合在一起，人稱神佛習合、神佛一體，更是不論「男女老少、身份階級、淨與不淨、信與不信」，人人平等一律接受與救贖。同樣屬於山岳信仰的高野山就禁止女人上山，這一點就與熊野三山形成了強烈差異。熊野三山的神社皆位於深山中，從前交通不方便，無法輕易參拜，但是參拜者相信只要能翻山越嶺，克服困難前往參拜，必定能在往生時，前往極樂淨土。

沿著七條不同山徑路線『中邊路（主要路線）、大邊路、小邊路、伊勢路、町石道（連結高野山真言宗聖地與熊野神社）、以及吉野與大峯路線（為真言宗修驗道宗派所保留的修行路線）』，前往熊野三山的山路，統稱為熊野古道。

西元二〇〇四年七月七日，熊野三山與接連其間的參拜古道，以「紀伊山地的聖地和參拜道」之名，登錄為世界遺產朝聖古道。範圍包括熊野三山、和歌山縣的高野山、以及奈良縣的吉野・大峯三處聖地。維持超過一千二百年的聖地，反映了神道與佛教精神結合的文化，完好保存了靈山朝聖之路。熊野古道是世界唯二被登錄為世界遺產的參拜古道，並且與西班牙聖地亞哥朝聖之路締結為姐妹之道。

生命的起源 靈魂的終點「熊野本宮大社」

神域入口「發心門王子」出發，邁向聖域「熊野本宮大社」。

自古熊野參拜習俗，是以熊野本宮大社做為起點，依序繞行速玉大社、那智大社，再返回本宮大社。熊野的神社，恭奉著以樹木、河川、巨石、瀑布等自然為起源的眾神，相信眾神就住在大自然萬物裡。只要踏上「熊野」聖境的旅人，同樣也能感受來自大自然雄偉的力量和感動。

從發心門王子出發，步行前往熊野本宮大社。發心門王子為九十九王子中格局較高的五體王子，意思為發心皈依佛道入口。前往古道前在此處洗淨心靈，穿越鳥居後前往熊野三山。

熊野古道上，有許多被稱為王子社的神社。這些神社被稱為「熊野九十九王子」，所謂的王子，指的就是祭祀熊野權現分靈之處，為了連接人們參拜熊野信仰之道而建立的。王子社是一般參拜者休息的地方，同時也是祈禱順利參拜熊野三山旅途平安之處。現在在王子社設置著紀念章蓋章處，可以作為朝聖認證。九十九王子不是指實際上有九十九間王

子社，而是以九十九這個數字來表示數量眾多之意。

在古道上會看到很多以石頭作為參拜的地藏菩薩，有保佑牙齒不痛的地藏菩薩，經過水吞王子也有保佑腰不痛的地藏菩薩。據說弘法大師以法杖往地面一敲就湧出泉水，因此稱為「水吞王子」。現在也設置提供補水和洗手間供應朝聖者休息。接下來就進入杉木森林中，感受空氣中飄散著芬多精。在伏拜集落之前的古道上，會看到「道休禪門地藏」，為來來往往的朝聖者祈求著平安。在冬天時當地居民還會幫她穿上蓑衣保暖。時而走在上林道，時而走在石板路，時而進入柏油路上，沿途看到許多無人商店販賣著地產水果和飲料，自己投錢自己取用，感受到無形的愛與信任。眺望著果無山脈，即抵達「伏拜王子」

有洗手間也有賣店，但是連續來了兩年都沒有看到開過，以前走在中邊路的參拜者抵達伏拜王子遺跡，能看到熊野本宮大社，感動到伏地而拜，因此稱為伏拜王子。

經過小橋後，抵達「三軒茶屋跡」，三軒茶屋位於經過果無山連接熊野和高野山的果無街道和中邊路街道的分歧點。以前因爲地理位置便利，有三間茶屋在此提供往來的朝聖者休息。在三軒茶屋旁看到用木頭做的門，稱為「九鬼ヶ口関所」，為關隘，過去要通過關隘必須要有通行證、並繳交過路費。五百年前過路費是七至十文，時代變遷早就沒有看守關隘的人，每個人皆可以自由通過，當然也不需要繳錢。走在林道中會看到一個牌子上面寫著「ちょっとより道見晴台地」，建議有體力的一定要上去，往上走沒多久就能看到遼闊的美景，從這裡可以遠眺大齋原的大鳥居，景色非常遼闊與讓人感動，可以說是現代版的伏拜王子。走完山林古道後，經過了住宅區，就能看到進入熊野本宮大社的鳥居，在前面有「祓殿王子」守護著鬱鬱蒼蒼森林的王子。參拜者會在這裡清除污穢、潔淨內心。穿越本殿後方、境內北側的鳥居後，終於抵達熊野三山的中心「熊

野本宮大社」。

「熊野本宮大社」主祭神為家都美御子大神大神、本地佛為阿彌陀如來，「本宮」象徵為西方極樂淨土，獲得來世之救濟。進入鳥居後，看到非常特別的黑色郵筒，上面還有稱為「八咫烏」的三隻腳烏鴉。在拜殿兩側各有一個雕著八咫烏圖形的石雕。在日本神話中登場的第一代天皇神武天皇，為了統治日本從九州高千穗開始東征，當時就是由神靈八咫烏領路，天皇才能平安抵達大和，因而征戰成功。「咫」是測量長度的單位，八咫相當三尺多。三隻腳分別代表天（神）、地（自然）、人。烏鴉有驚人的智慧與精準的目光，亦是太陽鳥的化身，是神的使者，也是開路先鋒。

在熊野三山可以看到各自特有的御神符「牛王神符」寫上烏鴉圖形排列成文字，象徵著神聖自然力量的指引和指引迷津，消災除惡並且帶來好運，並且被視為神聖之物。本宮大社的牛王神符上有八十八隻八咫烏，速玉大社有四十八隻，那智大社則有七十二隻。日本國家足球隊也是以八咫烏作為隊徽，日本陸上自衛隊中央情報隊的徽章也是以八咫烏作為主圖。然而，當你猶豫不決自己的去處與方向時，閉上雙眼，感受風，想著八咫烏為你領路，也許你會發現一條閃耀的方向。

進入神殿後，可以看到四個拜殿，從左到右分別是夫須美大神、速玉大神、家津美御子大神、天照大神與結緣之神。神殿內的參拜順序為，家津美御子大神、速玉大神、夫須美大神、天照大神、結緣之神。熊野本宮大社的主祭神為「家津美御子大神」。「家」指的是食的意思，是掌管食物之神，別名須佐之男命。把香油錢投入之後，在每一個拜殿前兩次鞠躬、兩次拍手、雙手合十許願完後，深深一鞠躬。

第一次來到熊野本宮大社，為西元二〇一八年是日本的平成三十年，平成的最後一年，那一年則是熊野本公大社創建大社二〇五〇年，看著熊野本公大社宮司九鬼先生，用毛筆揮毫寫下代表漢字「叶」。「叶」的漢字，左邊為口，右邊加上十。意思為每日正面思考，最少訴說夢想和希望十次，努力一步一步勇往直前，必定走向聯繫夢想的方向。正逢奉祝之年，包含強列的祝福與心願，祝福來參拜的諸位，明年願望和夢想都是實現的一年。

第二次來到熊野本宮大社，2019 年為日本令和第一年，新天皇即位、日本走入新時代，跨越平成、迎接新時代令和的重要起始。走在蘇生之聖地，我們也一點一點迎接不一樣的思維。

生命起源水靈之宿「大齋原」

參拜完後，前往熊野本宮大社的原址，穿過田地，佇立的正是高三三點九公尺、寬達四十二公尺，為全日本第一大鳥居，整體漆成黑色，額束上配置了金色的八咫烏，這裡是熊野本宮大社最初的位置。

在熊野川、音無川、岩田川三條河川交匯的洲地上，這個洲地稱為大齋原，以前的面積是目前本宮大社的數倍大，約一萬一千坪，廣大的境內裡，五棟十二社的社殿、樓門、神樂殿、能舞台等建物，是極為神聖的地方。在江戶時期之前是沒有橋，參拜者需涉水穿過音無川，在河水中進行水垢離洗盡汙穢，淨身完畢才能進入聖殿。

本宮大社在一八八九年遭受到大洪水侵襲，只搶救到目前在熊野本宮大社的四個拜殿，剩下的八個拜殿全部都被沖走。宮司迅速決定遷移至目前熊野本宮大社區域，在一年八個月後移建。延續千年之地大齋原給予眾人對於未來的祝福與方向，在這裡空氣流動的感覺很不一樣，彷彿進入靈魂的時空門，也許這就是彼世的極樂淨土。在每年八月的最後一個週六舉辦「八咫火祭」，源於八咫烏為神武天皇帶路的傳說，被視為引領眾人們前往幸福的祭典，火焰神轎上配置了八咫烏圖案，會於傍晚前遶境至大齋原。

之光明清淨無染、熊野神最初降臨之地「熊野速玉大社」

河川熊野古道

古代皇宮貴族們由熊野本宮大社，現今的大齋原參拜後，搭乘木船經由水路，前往熊野速玉大社參拜。熊野川順流而下流入太平洋重返母親的懷抱。

紀伊半島南端古時稱作熊野國。熊野國是有著茂密森林，巨岩、河川與無邊無際海洋。由於受到黑潮洋流的影響，一年降雨量超過三千毫的水之國，因而孕育出照葉樹林。大海化為蒸氣上昇，變成雨滴，滋養了森林，化成小溪，瀑布與川河，流入大海。相互循環交織，水就是生命的樂章。

現今熊野川重現了古代風華，以搭乘觀光木船遊覽，並且也被登錄為世界遺產的熊野川「河川熊野古道」，讓來訪的遊客也能親身體驗水上參拜道的魅力。搭乘觀光木船約九十分鐘愜意航程，最後在熊野速玉大社附近靠岸，下船後步行五分鐘即可抵達熊野速玉大社。雖然現在乘船處不在大齋原，但是非常推薦搭船前往速玉大社，能感受到以前朝聖者順溪流而下前往參拜的感受。

熊野速玉大社

進入鳥居後可以看見八咫烏神社以及天手力男神社，「天手力男神社」按神名的字面意義即可知道此神力大無窮，擁有驚人力量，故被視為運動之神。隨後可以看到神社內聳立著一棵據說是平重盛公親手種植，被列為日本最大國家天然紀念物，推定樹齡近千年的大梛神木。樹葉有驅邪之效，以前信眾都會拿走掉落的枝葉以保佑歸途平安，也有說竹柏的樹葉能增強男女姻緣。

熊野信仰之所以普及，因為有熊野比丘尼，透過熊野觀心十界圖和那智參詣曼荼羅走遍全日本宣揚熊野信仰，向人們講述了人類由生到死的過程、以及死後的世界和救贖，因此熊野三山的知名度擴及全日本。

主祭神是熊野速玉大神，熊野速玉大社的主祭神是熊野速玉大神與熊野夫須美大神。速玉大社也被稱為「新宮」，新宮的由來，是因為熊野三山的主祭神三位神明降臨於元宮「神倉神社」的琴引岩，為了方便祭祀三神而建造新宮，因而得名。本地佛為藥師如來，「新宮」象徵為東方淨琉璃世界，獲得洗淨前世之罪孽。也是日本全國約三千座熊野神社之總本宮，擁有耀眼朱紅色社殿的熊野速玉大社鎮守於熊野川河口。

速玉大社的「熊野牛王」神符上有四十八隻八咫烏，速玉之神拯救所有的生命，實現所有的願望，被視作最神聖的消除厄運帶來旅途平穩無事的護身符。

阿須賀神社

位於熊野川河口附近的南岸蓬萊山下，御神體是蓬萊山，主祭神為事解男命。據說神倉神社是熊野大神最初降臨之處，隨後是蓬萊山，古時候是禁止進入的靈山。

根據社傳記錄得知，創建於第五代孝昭天皇。在神社境內挖掘出屬於彌生時代遺跡的豎穴式建築，更能確信歷史之悠久。有另一傳說為，奉秦始皇之命尋找長生不老靈藥的徐福一行人，當時登陸的地點就在日本新宮的阿須賀神社。因此在神社旁，有一間祀殿祭祀著徐福。

在這間小神社，因為買御守和寫御朱印，寫到奇蹟出現。神社的宮司問我們要不要聽他吹奏笛子，熱情的我們瘋狂鼓掌說好，在等他準備的時候，我們還在想說會在哪表演，應該是在外面吧，竟然邀請我們走進本殿。通常只能在外面參拜，我們幸運進入神殿，在日本參拜這麼多地方，這可是生平第一次進入。我們就在本殿裡，聽完西宮司自創的笛子吹奏，動聽的音色彷彿喚起蓬萊山的山神，風吹著好舒服，在殿內的感覺真的好特殊，感謝大自然神靈們，給我們美好的體驗。

徐福公園

傳說徐福率領三千位童男童女及百名工匠技師，為了尋求長生不老藥，來到了日本從蓬萊山下的熊野川河口上岸，並且決定在此處永久居住下來，並傳授當地居民農耕、捕魚、捕鯨等技法。公園內以徐福墓地為中心，設立了徐福紀念墓碑，及祭拜七位徐福親信重臣的七塚之碑，並在門口建造了中國式的牌坊。

神倉神社

據說神倉神社的「琴引岩」是熊野權現最初降臨之聖地，但是要來到這個神社非常不容易，穿越鳥居入口後，需要一步步往上爬，登上神倉山幾乎是垂直陡峭，有五三八塊石階，因為非常陡峭建議在山下先帶根枴杖上山，或者是手腳並用往上爬。抵達山頂後，在峭壁上有一顆稱作琴引岩的大石頭，作為神明降落時的御神體，並且被稱為最大能量巨石，據說只要觸摸它就能獲得能量。「琴引岩」雖說是御神體，卻允許人們觸摸，真是讓人非常感動，因為登石階而筋疲力盡的身體彷彿

被注入了活力。過去只有祭祀之時才能進入山中，因此在山下興建了一座新的神社作為平時方便參拜，也就是熊野速玉大社。在這裡可以眺望新宮市區一望無際的街景，海風吹拂著很舒服。下山時，走在幾乎垂直的石階上，想起每年二月六日在神倉神社舉辦的「御燈祭」，穿著一身白衣的男子們會從石階上，提著火把狂奔下來，被視為下山火龍的火之瀑布。象徵著新年迎接新火種，回到家之後點亮神龕佛壇上的燈火，然後用火把的火煮飯等等。但是只有男性，不限國籍皆可以報名參加。

如同打破時間的觀念，同時澈見過去、現在與未來「那智大社」

從熊野古道「大門坂」，前往「熊野那智大社」。

以前在佈滿青苔的石板路入口處有很大的門，因此稱作為「大門坂」，往上走沒多久望見超過八百歲的「夫妻杉」迎接著我們，進入參道後看到「多富氣王子」，也是熊野古道上最後的王子社。被天然杉木包圍的石階，感受森林中大自然的力量與熊野古道的神聖氣氛，在陽光灑下的林蔭中，連續走好多天，腳指頭擠得好痛，發熱的腳底，看著前方的日本人脫鞋走路，立馬脫下鞋子與襪子，光著腳走在石板步道，腳底板散熱後，好似扎根在大自然裡，接受了大地的強力療癒電子，瞬時間覺得身體輕盈起來，走到「唐斗石」休息時，身體四肢躺在石板上，散熱休息。遇到迎面而來下山的神職人員，帶我們到某一個角度，從樹林間的縫隙眺望，遠遠看到一道瀑布，原來那智瀑布就在不遠方。我們很開心的跟他道謝後，休息時，遇到上山的參拜者，也開心的分享指引他們瀑布的方向。

杉樹林立的參道結束後，取而代之的是水泥路的表參道，周邊販賣著當地特產那智黑石以及木頭所雕刻的佛像。在夏季來時，周邊可以看到不同顏色的繡球花，邊走邊逛，遙不可及的階梯頓時沒有這麼長遠了。終於抵達那智大社，從最後一格階梯望向山嵐四周，群山環繞也許這就是熊野比丘尼所看到的那智参詣曼荼羅圖中所描繪的空中都市。

走往拜殿前，這裡是以燒護摩木，取代燒香，護摩(Homa)是梵語，也是焚燒的意思，將護摩木供於火中，用來祈求心願，產生之煙可遙達天上諸神。

據說那智山信仰起源，來自於日本初代天皇神武天皇東征時，在熊野海岸上陸時，因為神光指引，發現了那智瀑布淵底的靈光，因此瀑布被視為神靈，而守護祭祀。隨後八咫烏奉神命從熊野國到大和國為神武天皇帶路，順利東征成功，從熊野登陸後，途中移動的路線與足跡，在紀伊半島全部成為聖地。對於天皇家而言，也是極為重要的場所，每一處聖地都具有強大的力量。

神武天皇於紀元前六六〇年二月十一日即位。熊野的神靈降臨於飛瀧瀑布，仁德天皇五年（西元三一七年）於那智山創建社殿，也就是現在熊野那智大社，主祭神是熊野夫須美大神，本地佛為千手觀音，象徵為南方補陀落淨土，結下現世之緣份。平成二十九年（二〇一七年）邁入創建一千七百年。夫須美有生成發展的意思，意思是說，舊的東西逐漸滅亡，新的東西不斷誕生，同時也有結合之意，人與萬物結良緣，因此自古以來被稱作「結宮」。

參拜完後，因為看到跟玉置神社深山裡的玉石社，一模一樣的玉石，立馬帶著一包想要買回台灣結緣，誰知道竟然是特別舉辦的那智大社創建一千七百年記念行事「白玉石奉納」，可以進去到平常進不去的社殿，親自奉納給眾神們，一群人興奮得繳納一千日圓，神職人員帶領我們走向拜殿的側邊，為我們淨化後，我們進入到社殿。神職人員告訴我們那智大社的故事，並且指向一塊石頭說著，帶領神武天皇東征成功的八咫烏，回到了熊野那智大社，靈魂進入了這顆石頭內，並且把翅膀合起來在休息。聽著日文翻譯成中文的我，瞬間起雞皮疙瘩，神職人員告訴我們，可以親自去每一殿參拜，也可以拍照，並且把白玉石奉獻給大地。和熊野本宮大社與速玉大社不同，這裡加上祭拜「飛瀧瀑布」總共有十三殿。感恩地把白玉石放在每一個角落，感謝這美麗的一切，讓我們可以把小小心意直接奉納傳達給眾神們。

境內有一顆樹齡約八百五十歲的樟樹，穿越樹洞，稱作「胎內巡禮」，呈現淨化肉身和靈魂重生這種自古以來的觀念。拿著寫上自己名字與心願的護摩木，穿越底心空洞的樟樹樹根，心願就會實現。神社內也有號稱全日本第一大抽籤筒，重到抬不起來，有心想要抽籤的一定要試試看唷。

那智山 青岸渡寺

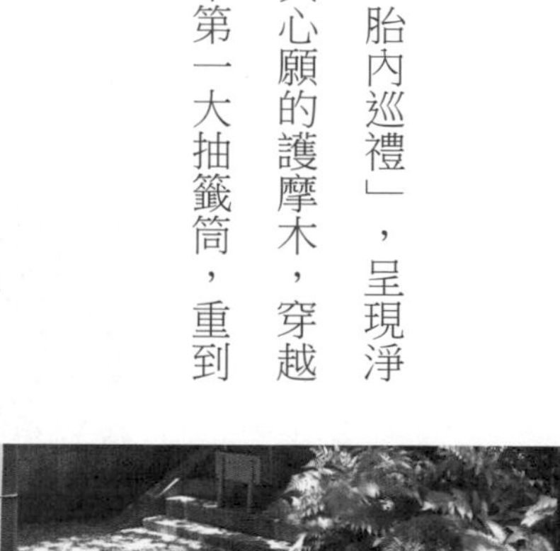

那智大社旁的「那智山青岸渡寺」，過去也曾是那智大社的一部分。據說永延二年（西元九八八年）花山法皇來到此地參拜，並且在瀑布下修行千日。殿中祭祀本尊為如意輪觀世音像，是在仁德天皇時代時，由印度飄洋過海而來的裸形上人，在那智瀑布底下找到，並且安置於茅廬中祭拜。本堂是天正十八年（西元一五九〇年）由豐臣秀吉下令再建的，本堂的建築樣式保留了濃厚鮮明的桃山時代風格。在明治神佛分離之前，與熊野那智大社和那智飛瀧瀑布為神佛習合的重要修驗道場之一。現在則作為西國三十三所巡禮的第一間寺院而參拜者不斷，二〇一八年迎接「西國三十三所草創 1300 年」。

那智飛瀧瀑布

沿著鎌倉時代留下來的石階古道，大樹林立兩旁，前往那智飛瀧神社。那智山的深處從大雲取連峰匯集出流水成為瀑布，在那智山大大小小總共四十八個瀑布，最大的瀑布即是那智飛瀧瀑布，也是日本三大瀑布之一最大的瀑布。每秒一公噸的水量從高度一三三公尺高處呈一道瀑布落下，在瀑布的上流還有「二之瀑」、「三之瀑」總稱那智瀑布。在下流處則是有名的瀑布修行道場文覺瀑布。據說花山法皇在瀑布下

修行時，遇到龍神賜予能實現願望的如意寶珠。

水是生命之母，被視為那智山信仰的根源，而那智瀑布則被視為那智山信仰的發源地，古代日本人認為神明會在大自然的山岳，巨石，神木與瀑布中降臨，為人們帶來幸運與幸福。來到飛瀧神社參拜，門票即是「飛瀧神社延命御守」。來到這裡最重要的一定要喝瀑布水，飛瀧瀑布的水被尊奉為延命長壽的聖水。如果忘了帶水瓶的話，也可以購買白碟盛聖水，飲下神龍飛瀑的醇美恩賜。

「熊野本宮大社」獲得來世之圓滿，生命的起源，當踏上古道時，即是一條通往內省之路。

「熊野速玉大社」洗淨前世之罪過，內省是改變最大的力量，從大齋原順著熊野川而下，即是一條通往淨化之路。

「熊野那智大社」結下現世之緣分，沒有水分的滋潤，很容易會斷源（緣）。在此，連結人與人的緣分與願望，結緣、培緣，更須惜緣，此緣才會綿長。

「熊野本宮大社」從本宮開始前往速玉與那智參拜，最後回到本宮。過去、現在、未來，在宇宙間同時存在。時間無前後順序，同時並存。切除過去的惡習，把握當下，即決定了未來。

熊野氣候高溫潮濕，形成深山中茂密的森林，以豐沛水量自豪的巨大瀑布以及河川流向大海，走在熊野古道上，在大自然中觀拜美麗的御神體，令人自然而然心生崇敬，而大自然就是最美的眾神。走在千年古道上，深深感受到也許靈魂在哪一世走過，能一起同行、擦身而過，在熊野三山巧遇的都是有緣人。從本宮、速玉、阿須賀、飛瀧瀑布，連續三天我們每天都會遇到這群可愛的日本人，每一次我們都驚呼太巧了，祝福有緣的你們一切平安。

熊野三山之奧宮「玉置神社」

位於大峰山脈南端，鎮座於海拔一〇七六公尺處的玉置山山頂，天氣好時能眺望到清晰的山嵐。創立於紀元前三十七年，由第十代崇神天皇為了保護國家和趕走惡神為目的而創建了玉置神社，主祭神為國常立尊是日本國土創造之神，大地之神也就是地球神，以龍體顯現，為守護國家之神。據說地球的創生期是龍蛇族與龍神糸宇宙人緊緊關聯著，而中心即是龍神國常立尊，天照大御神則是白龍神。這裏從以前就是有龍神傳說之聖地，據說玉置山是神靈們降臨的靈峰，位於玉置山的中腹有龍神水的靈泉地。

古時為吉野到熊野的大峰奥駈道修驗場之一，也是修驗道開山始祖役小角的修驗靈場之一，將山岳當作修煉舞台，是日本獨有的宗教。修驗道的始祖，也就是役小角也稱為役行者。役小角出生於西元六三四年一月一號，誕生於奈良縣，據說在母胎裡的時候，就有靈妙的香氣與不可思議的光線，一生下來時，就開口說：「教化與渡化一切眾生，使眾人皆入佛教。」小角十一歲時，感知到佛教的極限，開始朝向山岳信仰。十七歲時，已在山中潛修，並且踏尋日本各地修驗靈場，逐漸修煉出爐火傳金的咒術。

平安時代由於神佛合一，玉置神社為熊野三山的奧宮，即是一切的根源。走在茂密的森林小徑裡，整條山路沿途都以注連繩圍起，主殿山神社中十分罕見，因為它是由欅樹建蓋成的立派入母屋建築。茂密杉木巨木群包圍的主殿中感受到歷史的氣息。境內樹齡千年以上的巨樹常立杉、大杉、夫妻杉，最特別的是三千年的神代杉。往本殿至山頂的方向走，為玉置神社的末社稱為「玉石社」，神體就是玉石。也是玉置神社的根基。據說神武天皇東征之際來到玉置神社，並且在玉石社放置十種神寶中的「玉」，作為祈禱武運勝利。而役小角在此修行時，為後代子孫們在玉石社埋納財寶，為後世祈願福德能量。

西班牙聖地雅各朝聖者之路&熊野古道 共通巡禮證書

日本和歌山熊野古道與西班牙聖地雅各之路兩條朝聖者之路，於一九九八年互相締結成為姐妹之路，並且組織雙朝聖之道，這兩條一東一西的朝聖之路，雖然是信奉兩種不同的宗教，熊野古道是佛道與日本神道，西班牙朝聖之路則是天主教。從二〇一五年展開了「共通巡禮」企劃，只要親自完成了熊野古道以及西班牙朝聖之路，就可以領取由這個組織頒發的雙朝聖之路證明書和徽章。

「共通巡禮」達成條件：

西班牙聖雅各古道（達成以下其一即可）：

- 步行或騎馬達一百公里
- 或騎自行車達二百公里

日本熊野古道（達成以下其一即可）：

- 滝尻王子到本宮大社步行三十八公里
- 那智大社到本宮大社步行三十公里
- 高野山到本宮大社步行七十公里
- 發心門王子到本宮大社步行七公里，並且參拜那智大社和速玉大社。

「共通巡禮」登錄場所：

完成兩條路線後，到日本或者是西班牙古道認證現場申請認證，時間大約需要等待約十五分鐘。現場可以領到寫上您名字的雙朝聖之路證明書和徽章。工作人員最後還會問你是否要在雙朝聖者的網路留下紀錄，如果你同意他會幫你和證書合影放置官網。還有體力的話可以從辦公室返回本宮大社，雙朝聖者可以在神社裡敲擊大鼓慶祝圓滿完成東西方兩項朝聖。

■世界遺產熊野本宮館

地址：〒647 - 1731 和歌山県田辺市本宮町本宮 100 - 1

電話：0735 - 42 - 0735

營業時間（全年無休）：9:00 ~ 17:00

■田邊市觀光中心

地址：〒646 - 0031 和歌山県田辺市湊 1-20

電話：0739 - 34 - 5599

營業時間（全年無休）：9:00 ~ 17:00

■ Turismo de Santiago Information Center

地址：Rúa do Vilar 63, Santiago de Compostela , Galicia, Spain
電話：+34 - 981 - 555 - 129
營業時間（全年無休）：冬季：星期一 ~ 星期五 9:00 ~ 19:00
星期六、日 9:00 ~ 14:00、16:00 ~ 19:00
復活節・繁忙期 9:00 ~ 21:00

共通巡禮證書

周邊景點：

橋杭岩

從海岸延伸至大島長達八五〇公尺的海岸線上，呈直排列的四十根大小不一的石柱。由於海浪的侵蝕，彷彿佇立的橋墩。日本民俗傳說，弘法大師與天邪鬼打賭，看誰能在天亮之前完成從串本到紀伊大島的石橋，弘法大師使出法力，很快就完成大部分的橋墩。天邪鬼眼見不敵，於是偷學雞鳴，弘法大師以為黎明將至轉身離去，只留下橋墩在當地至今。從橋杭岩遠望日出之美，被認定是日本朝日百景之一。

圓月島

圓月島正式名稱為高島，小島的特徵是，正中央部位有一個像月亮一樣的圓形海蝕洞，這也是圓月島名稱的由來。這裏的日落被認定為日本百大夕陽美景，據說秋天時，夕陽剛好落在海蝕洞是攝影愛好者心目中的超級絕景。

救馬溪觀音

一千三百年前飛鳥時代，由修驗道始祖役行者開山，天曆七年（西元九五三年）空也上人親自雕刻觀音像。之後鳥羽天皇前往熊野古道參拜時建立堂宇，稱作「岩間寺」。過去有一位小栗判官，為了帶妻子前往紀州湯之峯温泉治病，途中愛馬突然生病，聽說此山非常靈驗，於是前往參拜祈求愛馬早日康復，然而馬的病痛突然痊癒，為了感謝救馬之恩情，小栗判官於應永三十三年（西元一四二六年）再建堂宇、並且改命為「救馬溪觀音」。御本尊為馬頭觀世音菩薩，馬頭觀音是六道中畜牲道的護法明王。這裡也是開運、除厄都相當有名的廟宇。在二千坪的園區內種植一百二十種，共一萬朵繡球花，登臨海的展望台，從高處俯視，能看到一望無際的繡球花海絕美景色。

MIYAGI

宮城

みやぎ

7

July

ふみづき

【文月】

對於日本人來說，情熱七月首先想到的便是浪漫的七夕。七月是吟詩歌頌彥星和織姬的季節，延伸至現在把願望寫在詩箋上並且掛在笹竹上。因此這個浪漫的月份被稱為「文月」，意思是藉著文字心意往來的月份，也許在你焦急等待回音時，就會有叮咚聲傳來喔。

七月七日悸動靈魂饗宴

銀河繁星起了波浪，牽牛同織姬相遇愛逢月，
攀越火山景觀滲透全身全靈閃閃發亮綠寶石「御釜」，
百年流傳至今，最優美的紙與竹祭典「仙台七夕祭」，
一段跳脫日常生活的驚喜，在短促絢爛的夏夜花火，將是七夕最浪漫的驚喜。

散發著翡翠綠光芒「御釜」

七十萬年以上的藏王火山運動，形成了山脈連峰。三萬年前的火山運動中形成了破火山口，陸續形成了外輪山、五色岳。西元一一八二年，火山噴發造成了現在的御釜誕生，逐漸積水，西元一八二〇年後經年累月成為現在的火山湖。由五色岳、熊野岳、刈田岳圍繞而成，標高約一六七〇公尺，圓周約一公里，水深達三十公尺，因形狀像盛水的釜鍋而被命名為「御釜」。湖水如綠寶石般碧綠，隨著陽光、天氣、季節、角度不同而呈現出不同的顏色，因而被稱為五色沼。十米以下的水溫約二度或以下，隨著水的深度越深，水溫卻反而上升，由於水質屬強酸性，沒有任何動物能生存。在藏王山脈彷彿活火山荒蕪異境，卻散發著翡翠綠光芒，吸引著眾人前往朝聖。

從宮城縣遠刈田溫泉區進入山區前，能看到藏王大權現大鳥居，沿著山路行走藏王 Echo Line 回聲線，前往 High Line，進入二點五公里的有料山岳道路，因為冬季氣候嚴峻管制封閉，因此有料山岳道路開放時間只有每年四月下旬至十一月上旬。早春五月藏王道路剛開通時，前往御釜的回聲線道路兩側雪壁蔓延，稱為「雪之迴廊」，最高積雪高度達九公尺左右，是春天的一大特色。新綠圍繞的初夏、美如畫

的紅葉，都是這裡特有的山嶽景色。抵達道路終點「藏王刈田岳山頂停車場」，在停車場旁的縣營休息站採買了一番，當作上山時的預備乾糧。

從賣店往上走約三分鐘即抵達御釜展望台，是非常輕鬆便能眺望到御釜美景。在旁邊能看到鎮座於刈田岳山頂海拔一七五八公尺處的「藏王刈田嶺神社」，為藏王山頂的刈田嶺神社的奧宮，祭祀天之水分神・國之水分神。七世紀後半從吉野勸請有藏王信仰之源的藏王大權社鎮守於藏王山頂御釜口。平安時代作為修驗道的修行場，因此稱作為藏王山。「權現」為化身出現的意思，指神明化身為佛的樣子，神本身就是佛，佛為了濟渡日本眾生，才以神的姿態出現在日本。在日本佛教興盛時期，把日本神道教的八百萬神視為是佛菩薩的化身，佛教傳入時為了適應在地宗教文化，而把原本神道教的神視為佛和菩薩並且給予同等地位，因此稱為權現。

藏王權現是修驗道的開祖役小角在吉野的金峯山修行千日時，才感應到了一位忿怒相貌的怒目金剛，他便是藏王權現，在修驗道的信仰中藏王權現被視為釋迦如來、千手觀音、彌勒菩薩三尊的合體，代表過去、現在和未來的三世諸佛。但這三尊佛像的造型形象，類似不動明王般的憤怒金剛像，臉部青紫、嘴巴張開、露出憤怒牙齒、背後有焰火燃燒。相信是降魔伏妖時的容貌，故稱為「藏王權現」。然而

在神道中，藏王權現與大己貴命、少彥名命、國常立尊、日本武尊、金山毘古命等神明習合為同一神，因此大多祭祀藏王權現的神社亦供奉著上述五尊神明。

從神社望出去看到的御釜也是不同的美。夏天來到這裡，神職人員進駐在此，販賣特有的御守與提供寫御朱印的服務。山頂上的奧宮在深冬時節幾乎被大雪掩埋，因此，每年十月上旬執行御神體下山儀式，神宮會把神請下山，移到遠刈田溫泉街的刈田嶺神社，隨季節變化應運而生。

參拜祈求登山一切順利後，我們以「熊野岳」山頂為目標，宮城縣和山形縣縣境為日本百名山之一的藏王連峰，山形藏王側也是知名冬天觀賞大自然的鬼斧神工的「樹冰」，因為樹木被冰雪層層疊疊地覆蓋起來，就像冰雪中的怪獸。

走在登山道可以看到異於平常的火山荒蕪景色，健行的好處，沿著火山口邊緣行走時，能觀看到不同角度的御釜。走在稱為「馬之背」山道，意外的山路非常寬廣平坦，但是需要特別注意的事就是藏王可是活火山，為了避免危險，在御釜周邊隨處可見到設置了緊急避難方向的指示牌。沿著馬之背走到制高點時，可以全覽以御釜為中心的藏王連峰，真是太驚人的美景，山上美景讓人心曠神怡。接下來進入了爬坡的登山道路，從馬之背往熊野

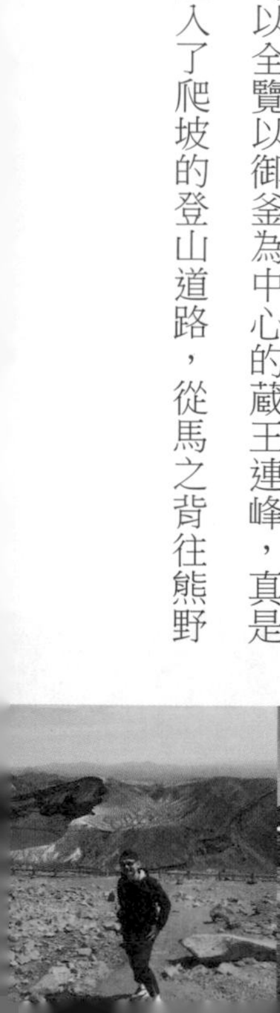

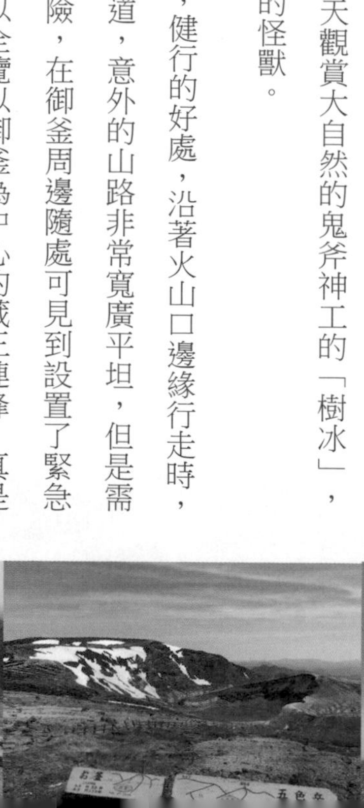

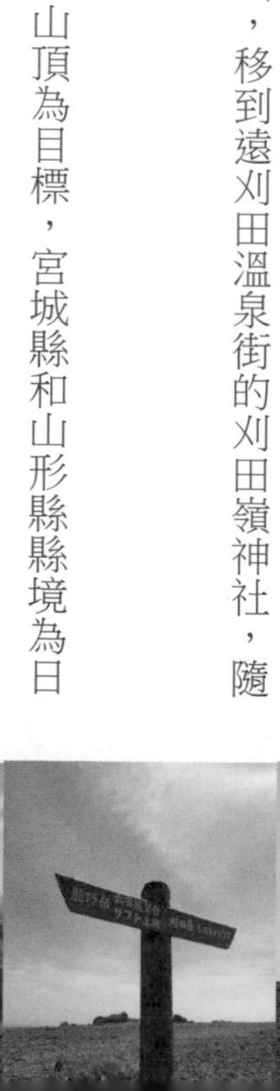

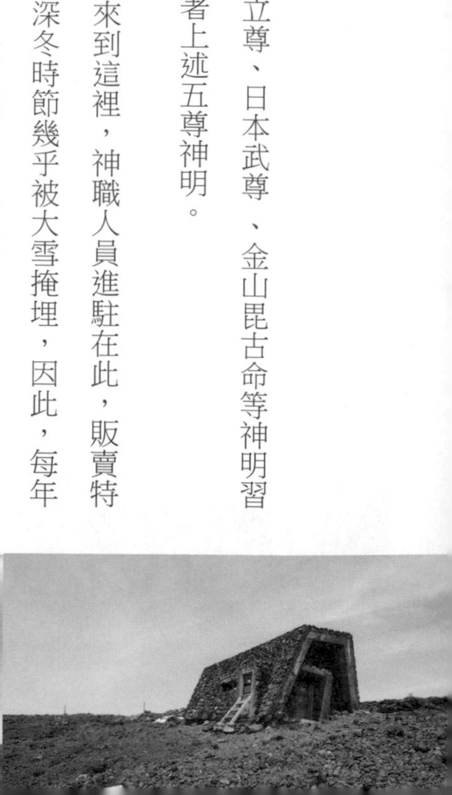

岳前進，這裡基本上沒有明顯的道路，以避難小屋為目標往上爬，路也開始變得比較不好走，碎石開始變多，要小心注意走。

抵達避難小屋後看到指標指示往左邊方向走，就是熊野岳方面。這裡也是荒涼的道路，往前走就能看到藏王山神社和熊野岳山頂。抵達山頂的一角看到鳥居即是藏王山神社。熊野岳山頂海拔一八四一公尺，是藏王連峰的最高峰，從山頂眺望是三六十度的視野，從西邊可以看到山形縣盆地風景。今天的天氣非常好，不只能看到非常清楚的御釜，太陽外圍還閃耀著外暈。因為藏王附近海拔高，比起平地街道溫度還要低約十度左右，天候狀況也有瞬間變差的可能性，山上的風很強，即時是夏天建議也要穿上防寒防風衣物。

金蛇水神社

位於宮城縣岩沼市，創建年代不明，鎮座於金蛇澤深谷出口，為典型水神信仰靈場。從農耕時期開始，神社位置位於深山流向平原的泉水出口處，作為水之神受到廣泛信仰。

社名由來為平安時代的一条天皇，勅命京都三条的小鍛冶宗刀匠鍛治佩刀，小鍛為了找尋名水走遍日本各地，來到此地向水神宮祈願後，開始鍛造御刀，由於青蛙鳴叫聲音無法專注精神鍛錬御刀，靈機一動做了蛇的姿態放置田中，因此青蛙停止鳴叫，並且完成給予天皇的佩刀。為了感謝水神，因此以蛇姿態奉納水神宮以「巳」蛇形為御神體，社名改成金蛇水神社。以保佑生意興隆、金運圓滿、厄除開運、生病痊癒、加上海上安全、漁獲豐收等願望皆得實現之神。

金蛇水神社祭祀御本尊為水神金蛇大神（為水速女命）。御神體為金蛇，自古蛇為水神的化身與使者。經歷一次一次的蛻皮與成長，被視為再生和無限，因此可以增加金運和智慧無限運轉。

神社境內祭祀著同樣為水的女神辯財天，為七福神之一，經常以懷抱琵琶現身，這裡的金蛇辯財天以八臂像姿態現身，以增加財力和智慧並且提升技能的女神廣為信仰。金蛇辯財天神和本殿的主神一起參拜會增加雙重財運。

主殿的南側有很多蛇模樣的珍貴天然石稱為「蛇紋石」。石頭完全沒有經過人工處理，為天然形成。來到蛇紋旁以直覺選一顆，然後用手或錢包碰觸石頭會增加財運。

社內在牡丹園種植了約一千三百株象徵富貴之花的牡丹，象徵著金錢財運亨通，在例大祭每年五月十五日至二十一日，名為「九龍之藤」紫藤花滿開季節。超過三百年樹齡，因為枝幹分成九段故得此名。來此參拜兼賞花也是賞心樂事。

金蛇辯財天例祭（七夕 繡球花祭典）

每年七月第一個星期天，舉行一年一度辯財天神像開帳。在祭典當天，一早御神像開帳，十點舉行例祭神事、十點三十分巫女舞奉，由巫女獻祭舞蹈、十一點一般奉納技藝、午後一點三十分巫女舞獻祭。於辯財天拜殿前，特別設置舞台奉納「浦安之舞」。並且舉行特別祈禱儀式，以增強才藝、福德圓滿、學業成就等祈福。

鹽竈神社

擁有一千二百年歷史的鹽竈神社被視為東北陸奧國一之宮的守護神，擁有鎮守東北與守護海上的神力。神社內供奉主祭神為「鹽土老翁」，是掌管航海安全、潮汐變化、教人製鹽的神明。御祭神左宮為武甕槌神、右宮為經津主神，是保佑武運、國土安定的神明。傳說因為鹽土老翁的指引道路，引導武甕槌神、經津主神平定東北，任務完成後，兩神祇凱旋返回天庭，因此以交通安全、成功必勝廣為信仰。鹽土老翁留在當地教導人們製鹽、捕魚，並化身成家家戶戶的鹽竈，神命之名也因此而來。許多人認為「鹽土老翁」是海或鹽之神格化。

鹽土老翁自古以來被視為海上安全、漁獲豐收、武運長久、國家安泰的信仰象徵，生死如海的潮汐一般，因此主祭神又以安產守護、延命長壽等在日本各地被人供奉信仰著。不僅受到在地的仙台藩主伊達家族所信仰，也是當代朝廷崇敬的神社，自伊達政宗之後的歷代藩主繼承了政宗的遺願，皆兼任鹽竈神社的宮司，對於社殿的修繕盡心盡力。地處森山的鹽竈神社，居高臨下的地勢，正好可遠眺松島灣內若隱若現的小島群。春天時，神社內的鹽竈櫻，枝垂櫻開得優雅讓人難忘。

松島

日本最美三景之一，海岸線彎曲多變，海灣內有許多大大小小的島嶼，日本人俗稱之為「八百八島」。在松島灣約有二六〇座大大小小遍植松樹的島嶼，是伊達一家代代鍾愛的賞月場所，在這可以坐船觀賞島嶼、品嚐牡蠣，接近日落時分夕陽更為美麗。可以搭乘遊覽船一覽海上風光，遊覽船基本上固定為每隔一小時一班船，來一趟約五十分鐘的海上巡航之旅。如果想給情人一個驚喜，也可以包下一艘漁船，享受兩人世界悠遊松島灣。在松島灣周邊有許多海鮮美食可以品嚐，現烤牡蠣也是當地不能錯過的必點料理，來杯啤酒享受微醺的午後。

仙台七夕祭

宮城縣首都仙台，為日本東北地區的政治、文化、經濟中心。以獨眼龍武士造型深植人心的第一代仙台藩主「伊達政宗」，以傳統文化為基礎，融合了源至京都的桃山文化與來自西洋的南蠻文化，形成了獨有的嶄新美學概念。由於地形和環境氣候等地方風土因素，為防止風雪等天然災害侵襲，積極獎勵植林政策。整座仙台城市佈滿了經由人工種植的樹木，演變成為「森林之都」雅稱的美麗城市。

有日本人心靈原鄉之稱的東北地區，光是在七、八月間就有六十多場頗具規模的祭典，其中東北三大祭為青森睡魔祭、秋田竿燈祭、仙台七夕祭，被公認最為精采與震撼。仲夏夜晚，有花火大會和聚集人心的祭典，最令人心動浪漫的祭典，那便是「仙台七夕祭」。古代日本在進行祓除祭祀活動時，需用「棚機」織布機親手織成的和服，供奉在佛龕前迎接神的到來，祈求秋天的豐收並且除去污穢。棚機的日文發音與七夕的日文發音同為「たなばた TANABATA」，因此成為祭典的名字由來。

七夕祭雖然在日本全國都可見到，但是以仙台的規模最大、最具歷史，豪華絢爛，充分呈現當地風土民情。享有四百年歷史的七夕祭典是東北三大祭中唯一靜態，卻蘊藏著眾人的故事與心願，彥星與織姫相會即為陰與陽的結合，象徵著宇宙再生與新生。西元一六一八年，由於仙台藩主伊達政宗曾歌詠有關七夕的和歌，為了祈求豐收與技藝精進便延續至今。從西元一九二七年開始，逐漸轉變為有華麗的七夕裝飾，自一九四七年起發展成大規模的七夕裝飾和祭典活動。

「仙台七夕祭」又稱「本祭」，原本是舊曆七月七日的民俗節慶，現在固定為國曆八月六日至八日為期三天。祭典展開的前一晚，八月五日當天會舉行約二小時的仙台花火大會，稱為「前夜祭」，約一萬六千發的煙火在廣瀨川上空燃放，堪稱是七夕祭的華麗前奏曲，彩繪出最浪漫的夏季夜空。

沿著仙台車站至商店街掛上紙花綵球、色彩繽紛的紙串、各色各樣的千羽鶴，夏日迎風飄蕩，漫步在其中讓人賞心悅目，將心願寫在細長的短冊上，再綁到笹竹上，期待藉由節節向上的竹子，可將心願傳達至上天，笹竹也被認為是神聖的植物，具有趨吉避凶的靈性，將心願綁在上面的話一定會實現。笹竹的葉子很像船的形狀，能將心願傳送出去願望就能夠實現。笹竹上的傳統七飾，也象徵著各種特別的意義。

短冊…祈求學業與書法的精進。

紙衣…祈求裁縫的精進。也象徵為病痛與災難的替身。

折鶴…祈求家內安全、健康長壽。

巾着…祈求富貴與養成節約儲蓄習慣、商業繁盛。

投網…祈求帶來好運、漁獲豐收。

屑籠…收集製作裝飾品剩餘的布屑・紙屑。祈求整潔與節約。

吹流…象徵織女的紡織線。

在這三天會舉辦七夕表演遊行，抬神轎、花車，約二千人合力演出精彩的舞蹈與音樂，讓七夕祭增添了不少動感。仙台七夕祭晚間也有許多活動，祭祀伊達政宗的靈廟「瑞鳳殿」，舉辦夜間點燈照明，在百層階梯的參拜步道和本殿周圍點上了竹燈籠，呈現夢幻般的七夕夜景。另一處在伊達家歷代城「仙台城跡」，上演伊達武将隊的魄力演出。

仙台媒體中心

為仙台市區最美的圖書館，可以說是建築師伊東豐雄設計生涯中一個重要轉折，以悠遊的海藻為概念設計，七層樓的建築全由十三根形狀像海草的管狀鋼架支撐架構起來，讓置身於其中的人們可以與自然對話。

自然界的事物總是在規律中帶著變化，海草雖然呈現螺旋向上的幾何形狀，葉面寬度卻非從一而終不變，外牆僅有玻璃，沒有任何阻隔視覺的牆柱，仙台媒體中心內外彷彿融合為一。

不僅如此，連室內都盡可能去除分割使用機能的牆面，必要的隱蔽性空間和水電管線則放進管狀鋼架之中。伊東認為這樣可讓空間機能更加自由彈性，當機能間的阻隔不復存在，人們在此空間內，不論是閱讀書籍、檢索資料、視聽多媒體、看展，都可以感受到別處尚有其他活動正發生著，自然可以提高圖書館各項設備的使用率，激發民眾運用多媒體的動力和創意。夜晚來到這裡，可說是仙台市區最閃亮的珠寶盒。

牛舌一條街

來到仙台車站最重要的就是先去牛舌一條街。沒有牛的城市，第一美食卻是「牛舌」。仙台起源要追溯到昭和二十三年（西元一九四八年），當時經營「味太助」烤雞串店的第一代老闆佐野啟四郎，從西餐燉牛舌的鮮味取得靈感，好奇牛舌用烤的會是什麼味道，於是開啟了仙台烤牛舌之路。仙台牛舌會先經過靜置的熟成步驟。這個熟成步驟能夠讓牛舌的鮮味更濃縮，幫助肉質變軟、變得更多汁。然後一定要用炭火燒烤。帶點炭味的牛舌香氣四溢又美味。仙台的牛舌菜單相當簡單但是三缺一不可：牛舌、牛尾湯、麥飯，只要少了其中一項就不是「仙台牛舌」。

Nacrée

仙台市區 Nacrée 法式餐廳，由名廚緒方稔打造，並在二〇一七年「米其林指南 宮城 2017 特別版」正式獲得米其林一星殊榮，為了將巴黎花都的印象與法式料理串聯，邀請建築師「隈研吾」替空間打造與眾不同的法式浪漫。

餐廳內被透明的霧面圓柱體環繞猶如門簾，隔開了餐廳的不同區域，以夢幻且迷濛的感光透明度妝點周圍，爲了營造優美自然的透光效果，燈管被放置於透明圓柱體中，而在透明的圓柱上點綴的是花卉。透過光影與花飾，營造出巴黎花都的浪漫氣氛。

店裡不論是午餐或晚餐，都只有提供一種主廚特製料理，法式料理一道道上場後，餐盤在潔白的桌面上化身藝術，在這裡度過的浪漫時光，想必令人終身難忘！

8

August

はづき

【葉月】

時序已悄悄步入夏末秋初，是落葉的季節，樹葉落下的季節被稱為葉落月，因此簡稱為「葉月」。

AKITA

秋田

あきた

仙鄉靜心 仙人修行

夏臨，秋田仙鄉祕境，
穿越翠綠田野，置身東成瀨村，
來趟與世隔絕且洗滌身心的仙鄉修行。
透過斷食搭配日式禪坐靜修，
寫經以及瀑布泉水洗滌，
每個人都需要一段短暫脫離日常生活，
於隱世美景中讓自然敲醒心靈。

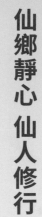

仙女養成記

遠離都會喧囂，置身靜謐自然的環抱中，您有多久沒有傾聽內在的聲音了呢？暫時拋下令人煩心的紅塵俗務，穿越翠綠田野，深入溪流幽谷，前進日本東北秋田縣的仙人郷《東成瀨村》，來趟與世隔絕且洗滌身心的禪遊修行。

擁有「仙人郷」雅稱的東成瀨村，每年八月份由村裡的公務員舉辦仙人修行體驗活動，不但吸引日本各地慕名爭相參加，更讓這座修行小鎮保持飆高不墜的話題性。

仙人課程需透過四次靜心坐禪、寫經以及瀑布淨身等修行步驟，體驗為期三天二夜的集體生活。置身深山的過程中，不但需要澄清思緒遠離人群，一整天滿滿的體驗活動，同時降低了使用手機的頻率。晚間九點就寢，清晨五點半起床，日出而作、日入而息，加上半日斷食雖不輕鬆，卻是培養自我克制的心靈，重返人生正軌的關鍵要素。來到日本秋田縣的東成瀨村，體驗「仙人修行」，希望透過傳統正宗的日式禪坐靜修，許給自己一個重新檢視

日常生活的難得機會。

一早從仙台帶著行李前往十文字車站集合，中途在大曲轉車時，想說火車站裡面應該有賣店可以買早餐吃，誰知道大曲是個沒有賣店的車站，錯過了最後進食的機會。抵達車站時工作人員已經站在門口迎接我們，開車送我們到東成瀨村的「曹洞宗永伝寺」，開幕儀式時大家自我介紹後，今天中餐和晚餐實施斷食體驗，因為沒吃早餐，第一次一整天實施斷食就在今天展開。戴上修行中的白色布條，工作人員幫我們一一拍修行中的宣言照。

隨後第一堂仙人課程即是由武藤住職指導，告訴學員如何靜心坐禪。曹洞宗是由創始者道元禪師於西元一二四四年創立。著重經由「坐禪」進而開悟。面向牆壁坐禪，透過靜心面對自己，專注打坐而達成高深境界。開創始組道元禪師更是提倡「只管打坐」禪風的先驅者。只管打坐即心是佛，只管打坐，行住坐臥皆是修行。藉由「調身、調息、調心」，意味著透過坐禪來調整體態和呼吸，心自然也會平靜下來。

帶著坐禪用的蒲團，我們依序進到本堂，定位後，我們依序向對面的夥伴們和掌鞠躬。坐在蒲團上轉向牆壁方向坐著，以兩腳交疊盤坐置於兩股上坐姿，稱為「結跏趺坐」或者以單腿置於另一腿上稱為「半跏趺坐」。盤腿後，靜坐時身體的任何肌肉都要舒服、放鬆，不要拉緊，這是非常重要的。請以骨盤向前推的方式，伸直整條脊椎。頭顱在脊椎的延長線上，稍微再壓低一點。接下來，左手掌心朝上，置於右手之上，兩隻大拇指要處在若即若離的位置。此時可以左右身體搖晃，腰部穩定，脊椎保持正直，讓身體自然調整到舒適的位置。坐禪時不會閉上眼睛，而是半睜眼。沒有完全打開，也沒有完全閉上，視線落在前方一公尺處，沒有刻意關注任何東西，以見而不觀的方式凝視。先用嘴巴緩慢而綿長地把氣吐盡後，自然鼻子就會大口用腹部深呼吸，此時請專心呼吸的每個步驟，吐氣與吸氣都需要非常專注。

住職在指導坐禪時有說過：「在坐禪的過程中，精神愛睏或姿勢不端正的情況會隨之而生，此時容易產生紛擾雜念，導致無法專心坐禪。這時可以雙手合十，暗示巡視的僧侶幫忙，僧侶會走到禪修者背後雙手合十後，以禪杖輕放於禪修者的肩上，禪修者保持合掌的姿勢彎下腰來，隨後就會在肩上拍打，敲完後會在禪修者身後合掌致意。」第一次坐禪時腦中的雜念一直出現，聽到拍打聲四處響起，內心只求不被打到就好。聽到敲鐘聲後，頓時放鬆全身上下所有的肌肉，終於可以解脫腰肩腿部酸痛的感覺了。

午後分組進行製作草鞋，這是一門用稻草編織的老手藝，傳承下來的地區不多，我們這一組很榮幸是由九十九歲的老師傅指導我們如何製作進入瀑布時所需要穿的草鞋，草鞋穿起來輕盈舒適，重點是進入瀑布時能夠防滑。製作過程對於手拙的我來說，真的是很困難，雖然由參加過十七回仙人修行的梅谷學長在旁親切提點，但老師傅仍把我努力編織到一半的草鞋拆開，重新編織後才又交還給我，莫非小女子真的沒有編草鞋的天份？

聽老師傅說著在第二次世界大戰前有來過台南很懷念台灣。一邊誇獎我們做的真好，你很有天份等等。旁邊的學員秒回：「老師這草鞋是你編的。」老師傅恍然大悟回說：「喔！難怪這麼漂亮」，已經九十九歲的老師傅反覆健忘反覆誇獎真是太可愛了。很努力做完單隻草鞋後，已經腰酸背痛了，簡直比禪坐還要困難啊。自己編織的草鞋可以帶回去做紀念，我們還是穿著專業師傅編織的草鞋下去瀑布修行比較安全。

製作完草鞋後，我們來到仙人山，前往仙人山需爬上一座超陡坡，上面建有一個小仙人寺，放置了仙人的雕像，裡頭放著用毛筆字寫著歷代完成仙人修行的學員姓名。據說只要順利完成修行，之後我們的名字也會寫在木板上，放在仙人寺裡成為仙

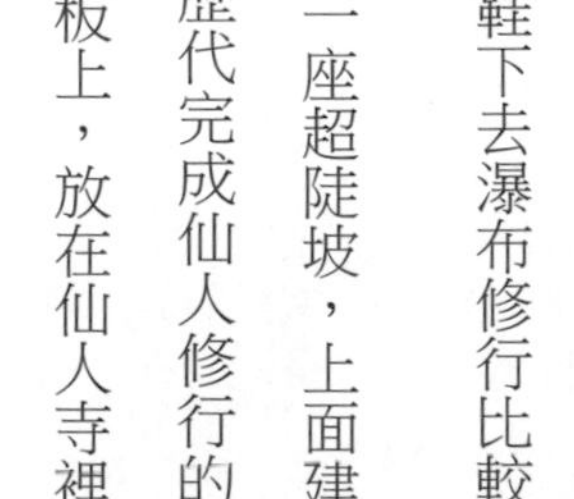

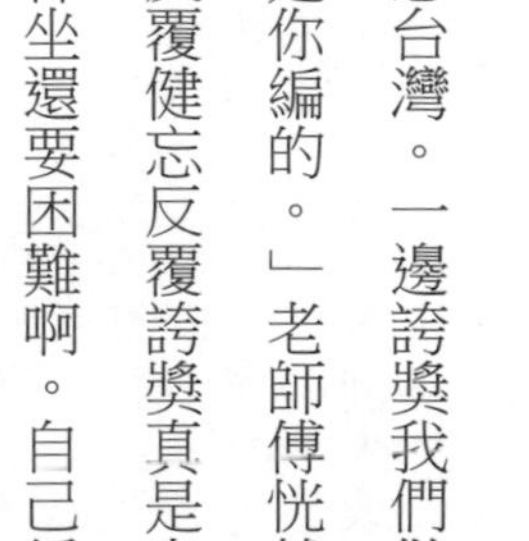
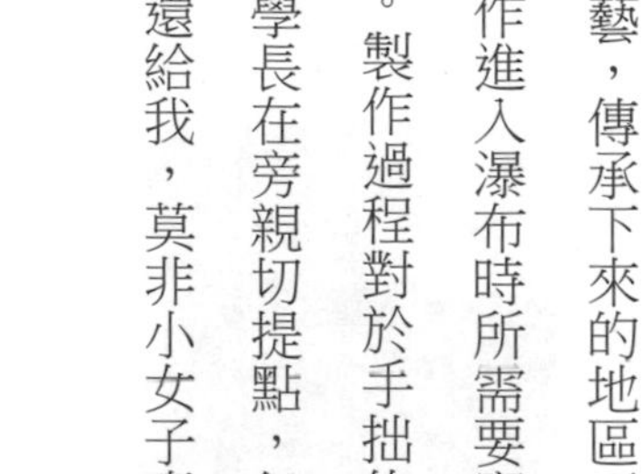

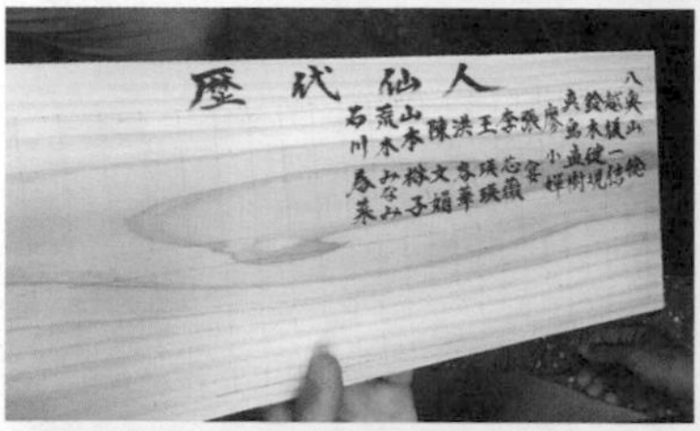

人成員。隔一年又報名仙人修行，為了見證去年完成仙人修行後，我們的名字用毛筆字寫在仙人社裡，並且成為日本仙人鄉的歷代仙人。想不到真的有我們六位台灣人的名字真是好驕傲喔。

除了坐禪之外，協助農作物收成等農務、打掃等工作都是修行環節之一，由生活中體悟出生活禪。禪師曾說，我們獲得人身，須知是帶著「佛心」來到這個世界。佛心指的是不光要珍惜自己的生命，也要重視別人或物件的生命，內心的佛性進而會顯現出來。在每天生活中善用其心，在人與人相處中尋找喜悅，要能多替他人著想，那麼身心就會調和，這正是曹洞宗追求的生活方式。

修行一環中，安排了採收馬鈴薯的農田體驗，藉由親自參與農作物收成，切身感受農人們的忙碌和辛苦，認識食物的來源並珍惜食物。每一個收成的果實都是如此得來不易，大家彎下腰協力採收挖著馬鈴薯，並且依照大小區分，小顆

的馬鈴薯將做為明晚慶功宴的料理，大顆的馬鈴薯則可以帶回家分享給家人。採收完後已經滿身大汗，接著前往最期待的日歸溫泉泡湯，終於可以好好放鬆一下。

晚上入住龍泉寺，男生一間大通鋪，女生一間大通鋪，一抵達寺廟後，我們拿著自己的被寢鋪床。

晚間課程由龍泉寺佐藤住職與大家閒話家常，每個人輪流傾述著自己為何來參加仙人修行，過程中想要有怎樣的改變？亦或提出內心的困擾煩惱，最後在由佐藤住職回覆對話。佐藤住職說：「帶著感情並且心懷感激地吃，每一份食物的來源，從播種到採收，販賣到成為盤中食物，因為好多關連與努力，食物給了我們生命，不斷賦予身體活力，要心懷感激，也要感謝生命的連結。」

佐藤住職回覆這次最年長的七十歲學員越後先生說：「很多男人下班後，甚麼都不做，就大屁股坐在客廳看電視，叫太太拿啤酒。修行完成回去後，試著自己去拿啤酒來喝，從小事開始改變，生活逐漸就會不一樣。」與大家聊天完後，七十多歲的住持笑著說：「喔！時間剛剛好，我要回家睡覺了」。就像親切的阿公一樣，講的箴言簡單又幽默，讓大家一小步、一小步從生活中試著去做出改變。

本日最後一堂修行為坐禪，由佐藤住職的副手來指導第二回。休息空檔，看著年輕副住職拿著禪杖在練習揮棒，不禁令人莞爾一笑。坐禪後，右腿還是呈現麻痺狀態，腰痠背痛啊。

終於來到最期待的就寢時間，雖然當下只想飛奔回床鋪睡覺，但仍打起精神邀了同行友人瑛瑛一起走出戶外，尋找沒有光害的地方仰望星空。當雙眼逐漸習慣了黑暗，閃耀光芒的滿天星斗在夜空中閃耀，此時身心靈徹底被這片銀河所療癒，果真是被日本人票選為日本第一美麗星空。

隔天早晨六點接續第三回坐禪，開始逐漸抓到坐禪的方式，但是心裡的唯一雜念還是希望自己不要被打到。坐禪後，腿還是呈現痠痛感。

靜坐結束後我們著手本堂與境內的清掃，隨著斷食正式解除，第一餐早膳吃的很簡單，只有「輕粥與醬菜」而已，年輕住職傳授我們「食存五觀」的道理，佛教認為進食時應存有五種觀想：

一、「**計功多少，量彼來處。**」食物得來不易，需要許多人和其他條件共同成就，應有一份惜福和感恩之心。

二、「**忖己德行，全缺應供。**」接受食物供養時，檢討自己的德行，有否具足戒定慧三學，藉此警醒精進修行，應保持一份慚愧之心。

三、「**防心離過，貪等為宗。**」飲食為眾緣和合，須時時提防自己，不可貪戀食物的美味，應保持一份離欲之心。

四、「**正事良藥，為療形枯。**」食物為健身療病的藥物，並非為滿足口腹之欲，應有一份警覺之心。

五、「**為成道業，應受此食。**」接受食物是為了成就道業，令身心可以繼續修行，應保持一份精進之心。

吃完清粥後，留下最後一片蘿蔔乾，加上熱水，用蘿蔔乾清洗碗內，再把熱湯喝掉，讓協助洗碗的服務人員更方便清潔。

用完早膳，緊接著是進行「寫經」課程。久違沒有拿毛筆寫字了，對台灣人來說，抄寫經書不是件難事，差別只在於字體好不好看。準備開始奮筆疾書，抄寫著般若心經，跟著經文一筆一劃的抄寫，看起來好像腦子在不停的努力轉動，實際上在此過程中，大腦正處於一種專心一致的休息靜心狀態。

所謂的寫經是指手抄佛學教義和佛經，是修行佛法的訓練之一。為了修心養性，從很早之前日本寺院就在進行這一項修行，同時也是一種淨化心靈的調養。如果自己心中有期盼之事，可以在抄寫完之後在最左

邊寫下願望。抄寫完的經文，可以供在佛堂結緣。

拜別佐藤住職後，我們前往當地著名的番茄農園「桃太郎番茄」，由於山區日夜溫差大，促使番茄甜份最大化，濃郁的酸甜感口感極佳，是東成瀨村最具代表性的農產品之一。來到番茄園，邊摘番茄邊吃，一口咬下大顆飽滿的紅色寶石，滿足口腹之慾還能補充豐富的茄紅素、維生素C和膳食纖維，真是一摘兩得。當地人流行以生啤酒加上桃太郎番茄汁防止宿醉，據說加上番茄汁後啤酒變得更好喝。

最後我們前往這次修行的重頭戲「瀑布修行」，挑戰落差十八公尺的不動瀑布。清澈又強力奔流的瀑布，具備強大的洗淨力量。佛教密宗、修驗道和神道教，都將瀑布修行列為重要鍛煉修行。抵達瀑布附近，學員紛紛套上白袍與草鞋，所有人專注聽著武藤住職的詳細說明，記住進入瀑布前要做的手勢與話語，隨後便開始做暖身操準備挑戰。

在旁等待進入瀑布的情境，至今回想起來仍非常緊張，俗稱廖大膽的我久違沒有這麼膽小了。進入瀑布前，要在瀑布旁大聲喊出九字真言「臨、兵、鬪、

者、皆、陣、列、在、前」一邊口頌印名，左手在胸前將手合攏，右手食指與中指合併，配合手印畫四縱四橫一撇，從而釋放出力量，是日本山伏修驗道所重視的咒法。

向瀑布舉躬後走進瀑布下，屏氣凝神站立於衝擊的激流中，重複大喊著「南無釋迦牟尼佛」可以增加信心與勇氣。讓宣洩而下的水流拍打頭頂或肩膀，除了提高忍耐力和專注度，清澈的泉水彷彿能夠洗滌心中的混濁雜念，將惱人的思緒全都隨著瀑布一併流走，感悟到與自然的結合，從而達到天人合一的境界。瀑布所產生的負離子，也能讓心情舒暢。

男生的考驗是在瀑布底下修行二分鐘，女生則是在瀑布底下一分鐘即可。接受瀑布洗禮時，強烈的水流衝擊感會讓身體一直被打偏，這也是我第一次感受到「六十秒」時間的無限漫長。閉上雙眼，耳邊傳來的只有瀑布聲，因為太緊張了，完全記不住日文的唸法，重複用中文大喊著「南無釋迦牟尼佛」，一直到聽見住職大喊：「完成！」，才鬆了一口氣。走向在旁等待進入瀑布的夥伴一起擊掌，並且給予夥伴我完成的力量。

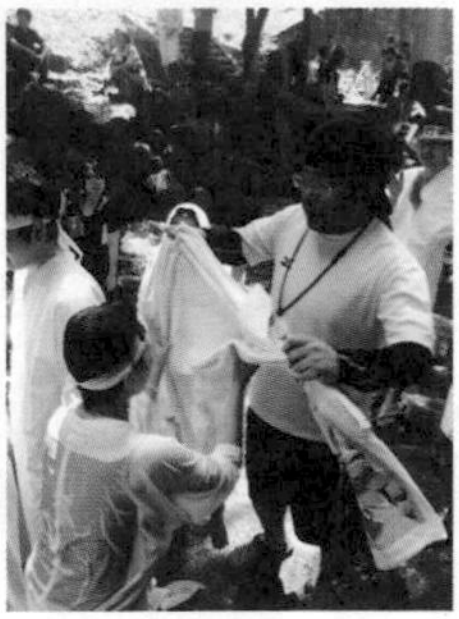

走到岸上時，學員們互相擊掌擁抱，旁邊的學長們馬上為我們遞上毛巾與熱茶。已經參加第二十次的小泉學長，如果完成瀑布修行，將會成為「白龍仙人」，我們在岸邊替學長加油打氣，真的是好感動。全員完成「瀑布修行」後，心中充斥滿溢的成就感，每口呼吸都讓胸襟更為開闊爽朗。高昂的士氣與不可思議的團結革命情感，讓彼此留下深刻難忘的回憶，也將持續伴隨著我們渡過往後的美好旅程。修行完成後，午餐竟然是大吃東成瀨村的美食，以當地的蔬菜與搭配東成瀨村的放牧場中成長的「成瀨赤牛」為BBQ主食。還有當地媽媽們在現場大鍋煮的火鍋實在是太美味了。

Ps：隔一年來到「仙人修行」瀑布修行時，因為已經有過一次經驗。第二次雖然也是會緊張，但是已經能用日文唸出「南無釋迦牟尼佛」，在瀑布裡沒有焦慮與害怕，就只是在瀑布下，與瀑布同在。

午後在山林美景中，團隊分組打高爾夫球，在山林裡芬多精爆

表，人生如此愜意。沿著山林的產業道路散步回飯店，抵達飯店後放鬆泡美人湯，身心靈一整個大放鬆。晚間的交流晚會，竟然是用學生時期參加聯誼時，抽號碼入座，真是有趣了。村落地產美食，東成瀨村的番茄，昨天自己摘的馬鈴薯，還有好吃的仙人pizza，昨天還在斷食的我們，今天晚上啤酒喝到飽，還唱卡拉ok。我們感受著東成瀨村給我們的一切，美食、美景、美湯和美麗的笑顏，感受到東成瀨村的「公務員」用心安排與精心規劃的修行活動。

隔天早上結業式前，我們參與著最後一回「坐禪」，住持跟我們說：「坐禪時，就是腦袋放空，不要擔心未來想著工作，在腦上有很多雜念的話，就無法好好放鬆，就讓自己睡著也沒關係，代表真正放鬆了，雖然我會用木板敲打提醒你一下，為了振奮你的精神。」我們走進廳堂，向自己與向同伴互相鞠躬，最後一回坐禪，不再腰酸背痛了，享受著難得靜心的感覺，不再擔心會被板子敲，反而在禪坐前，猶豫要不要故意被敲一下試看看？腦袋放空了，不再有任合雜念，想不到太放空放到睡著了，打瞌睡頭抖了一下，

馬上雙手合十，頭低下去，住持把禪杖放在右肩上點了一下，我把頭偏向左邊，住持再用力地輕拍了一下。我再度雙手合十鞠躬，回正打坐。這也是圓夢被打的感覺（笑）。感謝仙人鄉用最自然的方式，讓我們深深愛上東成瀨村。秋田單純的美好在我們心上種下一顆種子，當我們想放鬆時，會想回來看看那一望無際的農田。

「仙人修行」通過以上種種考驗，將獲頒專屬的仙人證書以茲表揚，連續兩年榮獲仙人修行證書是無比的感動。參加仙人修行以五回倍數，將會得到榮譽獎狀，五次為「名譽仙人」、十次為「名譽村民」、十五次為「青龍仙人」、二十次為「白龍仙人」。還會贈送仙人鄉自產的六十公斤一大包「仙人米」。

連續兩年來參加仙人修行的我，第一次參加瀑布修行時，體會到一分鐘六十秒的慢長。第二次來瀑布修行，在瀑布裡沒有擔心與害怕，就只是在瀑布下。三天的「仙人修行」肯定不會馬上成仙，但是你肯定會愛上這個全日本最好玩的修行、日本第一美星空、日本最美村落、最愛

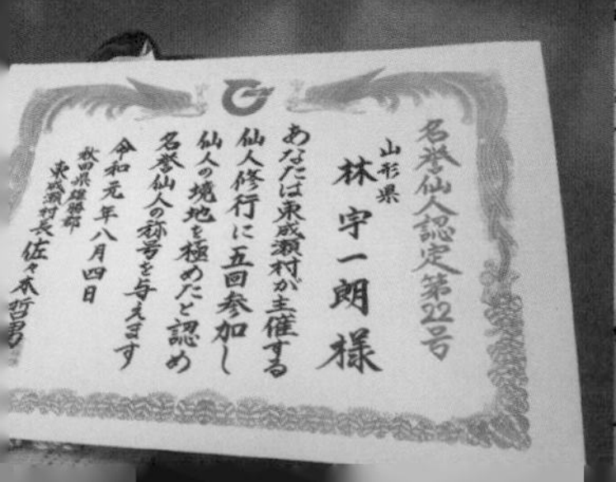

自己家鄉的公務員們。

或許，每個人都需要一段短暫脫離日常生活，好好沉澱身心靈的寶貴時光。來趟秋田縣東成瀨村的修行禪遊，或許正是尋覓已久，重新省視自我的探求旅程。

推薦日本電影《禪（2009）》

春花秋月夏杜鵑，冬雪寂寂溢清寒。

～道元禪師

講述的就是日本佛教曹洞宗創始人道元禪師一生修行弘法的故事。道元還在孩童時期，母親病重去世前留下的遺言：「人啊，為何逃脫不了這世上的紛爭，病痛和死亡？願你能找到超脫這些苦痛的道路……」。從此，道元一生都在尋找那條脫離痛苦的大道。為此，他跋山涉水從日本來到中國求法，又將所學禪法帶回國，開山建寺，影響了一代又一代僧人。

前往中國參訪了天童山的一些寺院後，他失望地發現，僧人們多為了維持寺院而在世俗事務上耗費精力，而於究竟的佛法修行一事卻不甚用心。他心灰意冷，在準備回國的途中遇到轉機。在山間趕路的道元禪師偶遇了一位背著很多食材的老和尚。不忍老和尚如此勞累，便出言幫助他。老和尚直接拒絕了他的幫助，還說：「這活兒是佛法修行的要緊工作，怎麼可以交給別人呢？」老和尚意味深長地告訴他：你並不懂得什麼叫修行，好像連字面的意思也不懂。道元禪師依舊不解，卻覺得眼前這位長老似已悟道。

他沒有急著回國，轉而去了老和尚所在的寧波阿育王寺。寂元法師向他推薦了高僧如淨禪師。於是投入如淨禪師門下學習。如淨禪師講授：「參禪必須的身心脫落，身心脫落就是遠離無明和五欲的方法。」因而，門下僧人皆坐禪靜觀，道元禪師更是晝夜精勤。不久後又見到老和尚，再次問起修行一事。老和尚如初見一般，在寺院齋堂忙忙碌碌，卻顯得身心自由。他告訴道元禪師：「這個世界上所有的事物，從無始以來，就是這個樣子，什麼都無所隱藏。」就這樣，他在如淨禪師身邊修行三年後返回日本。臨行前，如淨禪師對他說：「悟是無限的，修行也是無限的，悟道與修行的連環是要永遠持續下去的。」修行就是如此，與我們日常生活的行住坐臥一樣，無有中斷，不可停歇。如此簡單樸實的道理，道元禪師用一生來實踐，終成日本佛教一代禪門宗匠。

增田老街「內藏」

增田町位於成瀨川與皆瀨川會合之處，在江戶時代可是交通商業匯集之地。亙古通今的時光縫隙，增田老街又號稱小京都，古色古香，每個景致都極具詩意。

AKITA MASUDA

在三百多年前因養蠶、煙草業及礦山等而繁盛的增田地區，在以前可說是商人生意往來重鎮。秋田縣冬天非常寒冷，地理位置處於豪雪地帶，下雪量驚人，因此當地店鋪會在房屋內架設防寒倉庫，避免家財被風雪破壞，也就是所謂的「內藏」，在增田可以看到非常多這種房中房的景象，華麗實用並且展現出絕倫的建築特色，十分值得一看。

中午來到當地頗負盛名的《林旅館》用膳。這間隱身在增田町的民宿來來頭非同小可，號稱全日本獨創口味的蕎麥麵只此一家別無分號。老闆使用自家親種的蕎麥自製研磨，醺上特調的柴魚醬油後大口吸入，彈牙的口感瞬間衝擊整口味蕾；搭配新鮮食材與現炸的天婦羅，整體多變的豐富滋味在舌尖上打滾得天衣無縫。這裡的蕎麥麵除了傳統的「乾式沾麵」外，還有冰鎮的冷湯涼麵可以品嘗。

這裡也是知名漫畫家「天才小釣手」矢口高雄的家鄉，四處都可以看到小釣手的漫畫，連馬路上的水蓋都能看到。

秋田県横手市は
釣りキチ三平の作者
矢口高雄先生の出身地です

內陸縱貫鐵道

從聞名遐邇的角館車站作為起終點，至北秋田市鷹巢車站間的鐵道，因為沿途景色太美了，又被稱為秋田美人線，單趟搭乘時間約為二小時二十分，沿途有二十九個車站，其中有二十三個是無人車站，沿線車站各有特色。

起終點的「角館」，保存著許多武士住宅，是日本最能體現城下町和武士住宅風貌的小城之一，也被指定爲國家級名勝。春天來到角館，散發著粉紅氛圍，檜木內川沿岸遍植櫻花樹，延綿二公里，一到春天沿著河堤櫻花爛漫，形成一條花海隧道。

「松葉」距離田澤湖最近的車站，以清澈的湖水為特徵，水深四二三點四公尺深，堪稱日本第一深湖。田澤湖最有名的則是金色辰子雕像。傳說以前在田澤湖畔神城村，有一名叫做辰子的美女，當她發現自己的美貌時每天到村後向大藏觀世音菩

薩祈禱，希望能保持自己的美貌，觀世音菩薩被辰子的誠意感動，指示她去喝北邊湧出來的泉水，但辰子不管怎麼喝都無法解渴，趴在地上繼續喝，回過神時她已經變成一條龍，她便潛入田澤湖底，成為田澤湖的主人。

「上檜木內」每年二月十日施放天燈，從江戶時期流傳至今，最大的天燈長八公尺，每年約施放約一百個天燈。天燈上描繪著常見的傳統武士和美女的圖案，其中寫著眾人的心願，祈求豐收和健康。人們的心願寄託於紙氣球，隨風飛向星空。

「阿仁合」位於海拔一四五四公尺森吉山，每年一月至三月期間，在森吉山搭乘空中纜車可以觀賞到絕美的樹冰。

「前田南」因為與動畫電影《你的名字》女主角前往東京時，搭乘電車時的車站很類似，因此吸引了不少影迷們前來旅遊朝聖，瞬間讓這座無人車站一夕爆紅。

內陸線沿線從七月至九月上旬，能夠從車窗眺望稻田藝術。行駛於深山山林中，秋季最美的當屬楓葉。尤其是從位於笑內站和萱草站之間的大又川橋樑眺望的景致最為驚人。在雪國搭乘慢速的小火車，隨著發出「哐噹叩咚」的聲響，悠閒地行駛於銀色世界，恬靜的日本後山的原始風景就在這裡。帶上美味可口的日式便當，沿途便能展開這段如詩如畫的鐵道之旅。鐵道穿越數個小鎮，窗口兩端的綺景相互爭奇鬥豔，無論哪邊都叫人目不轉睛，倘若來到重要景點，電車司機還會特意停下車來，讓乘客自由拉開窗戶盡情拍照攝影，森林山谷之中周遭景緻變化層出不窮。

並且推出友善單車客服務，可以帶著心愛的單車一同搭乘火車。讓人津津樂道的是，這輛列車根本就是秋田犬列車，從車廂牆壁、座位及天花板都是秋田犬，原來日本最知名的癡心犬代表，在渋谷車站前苦苦等候主人回家，忠犬八就是秋田犬，而秋田犬的故鄉，就在秋田的大館市。火車上的工作人員非常親切，特別準備寫著中文的看板歡迎我們並且簡單介紹沿線風景。秋田內陸線又暱稱為「微笑鐵路」，在抵達終點的時刻，我們果然帶著滿滿美好的回憶下車。

秋田竿燈祭

東北四大祭之一「秋田竿燈祭」，於每年八月三日至六日在秋田市中心盛大舉辦。晚上我們一路衝向秋田市中心，只為了體驗一年一度的祭典。

竿燈祭的起源始自為了驅趕夏日的病魔，相傳能追溯到寶曆年間（西元一七五一至一七六四年）為祭典儀式發展的原型。放出璀璨光芒的盞盞提燈象徵金黃色的稻穗，故亦有說法認為竿燈祭是祈求五穀豐收的慶典。

祭典中使用的竹竿又分為大若、中若、小若、幼若四種尺寸，最大若的竿燈高達十二公尺，重五十公斤，竿上懸吊著四十六盞提燈。最小幼若的竿燈也有五公尺，重五公斤，竿上懸吊著二十四盞提燈。每一盞提燈都由職人手工製作而成，燈上繪有每一塊地域與公司行號各自的町紋，象徵稻穗的無數提燈，閃著璀璨燈火徐徐搖曳，勾勒出一幅動人心魂的光景。

秋田竿燈祭最讓遊客著迷之處，負責拿竿燈被稱為「差手」的技量。差手會把竿燈放在手心或額頭、肩膀、腰間等各處，由單一部位撐起長竿，巧

妙拿捏平衡。據說最為困難的技巧為「腰撐」，這是需要相當修煉的華麗技巧。用手掌接過來後，舉起後從拇指和食指間將竹竿下滑至腰部，上身適當傾斜，雙腿叉開保持平衡。搭配著熱鬧的鼓樂音與「嘿呦！嘿呦！」的吆喝聲，在旁邊觀看的我們也跟著緊張興奮起來。感受到祭典就是聚集人心並且充滿強烈生命能量的地方。無論哪個城市都有歷史悠久的傳統祭典，祭典也是我們與另一個經年累月傳承下來的文化交流的機會。

秋田縣立美術館

位於秋田市中心由知名建築師安藤忠雄設計的「秋田縣立美術館」，運用擅長的清水模建築工藝，為了呼應舊有美術館的最大特徵三角形屋頂，新美術館採用以三角形概念為館體打造創新風格。在二樓開放空間區域，落地窗外有無邊際水庭風景，運用能眺望至千秋公園景致，春天七六一棵櫻花綻放，緊接著杜鵑花盛開，夏天還能在池塘中看到蓮花搖曳多姿的景象。花朵的季節結束後便是紅葉季，感受到天空雲朵隨著四季風景創造出自然的一幅畫。

安藤忠雄在《都市徬徨》書中曾提到：「所謂的建築，隨時間改變而移動的光影、吹過的風所攜帶的氣味、響遍建築裡頭的人們交談聲、在周邊漂浮的空氣對肌膚的觸感，除非親自前往現場，使用手足至於全身的感官與性靈來體驗之外，並沒有其他的方法。所以，建築家就是要旅行的吧！」

館內展出了著名畫家藤田嗣治的作品，被法國人稱之為「FOUFOU」（法文這個發音，意味著瘋癲）的日本畫家，活躍於法國巴黎，是與畢卡索、夏卡爾齊名的巴黎畫派風雲人物。藤田不在意法國人對他「FOUFOU」的稱呼，因此他老是做些異於常人、瘋瘋癲癲的行徑，只有讓人對自己名字深刻了，人們才會去注意到他的創作，也才有機會嶄露頭角，讓更多人知道與欣賞他的畫。藤田嗣治說：「我越是行事乖張，活得越是瘋狂，就越接近真實的自己。」

以乳白色肌理的畫面採取細墨線條描繪輪廓的女性裸體畫，獲得激賞進而嶄露頭角，他把日本傳統與巴黎現代主義融合成獨自的風格，受到高度評價，奠定了世界級畫家的名聲。他的一生充滿曲折，藝術創作上的評價也直到去世後，才在日本真正受到正面的肯定。館內展出其中一幅最引人矚目的作品，是藤田嗣治在秋田反覆實地取材後而繪製的大型壁畫「秋田行事」。壁畫全長二十米，記載昭和十二年秋田縣一年四季的生活樣貌與民俗節慶活動。

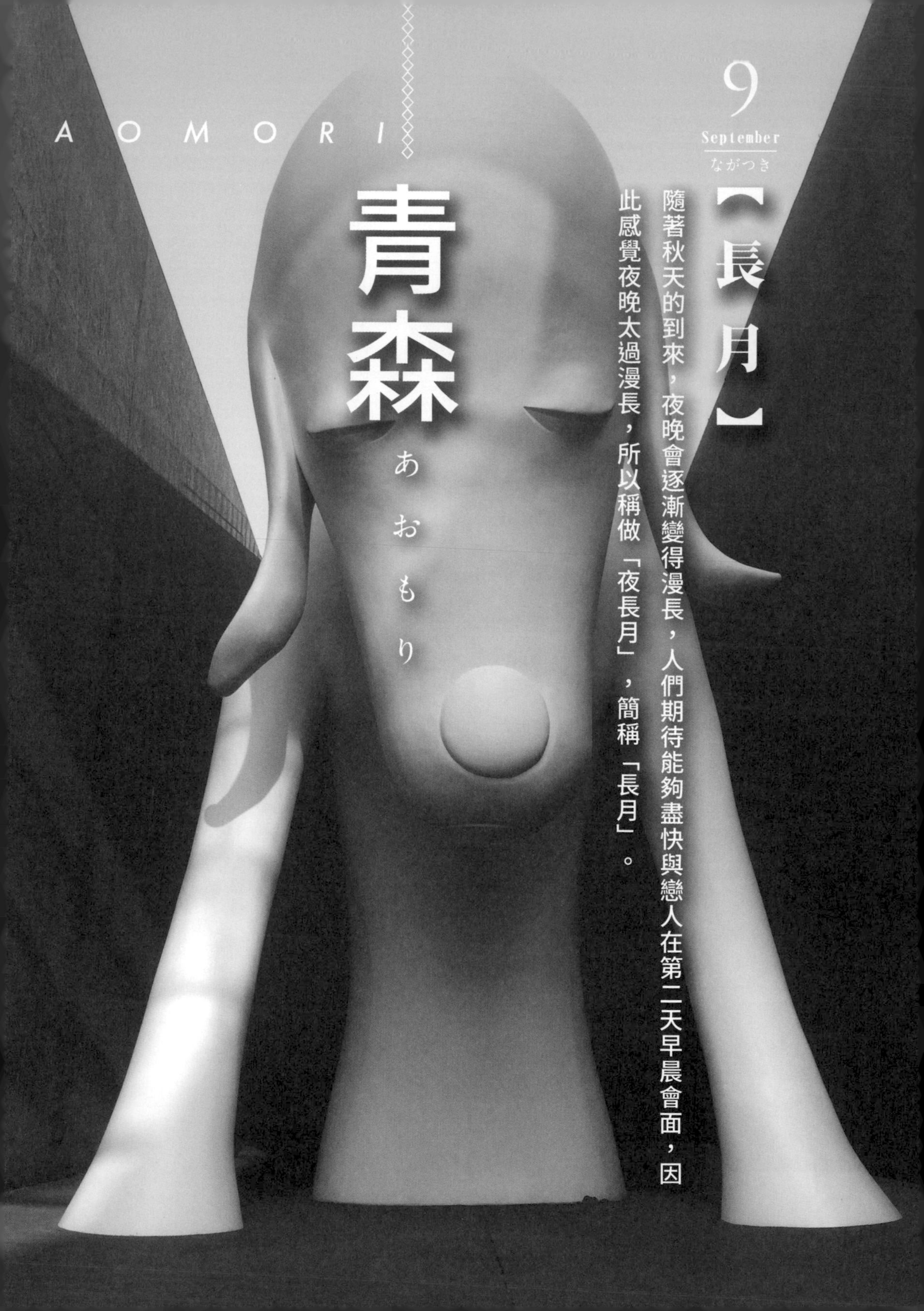

9

September

ながつき

【長月】

隨著秋天的到來，夜晚會逐漸變得漫長，人們期待能夠盡快與戀人在第二天早晨會面，因此感覺夜晚太過漫長，所以稱做「夜長月」，簡稱「長月」。

青森

あおもり

AOMORI

自然與藝術療癒漫旅

廣大森林覆蓋的青森縣，擁有被列為世界遺產的原生櫸林生態秘境，
進入森林境地之後，時光彷彿緩慢行走，
感受到森林裡草木皆有靈的流動氣韻，
高聳樹木、林鳥國王優雅飛舞、人類與森林共存，
漫步穿越世界最大山毛櫸樹林，
千年世界遺產之徑「白神山地」，
身心皆被山林的純淨洗滌，
拋開城市羈絆，沉浸平靜而豁然的自然光景。

青森藝術殿堂，以藝術與自然開啟美的視野。

十和田藝術之旅 Love Forever Singing in Towada

位於青森偏遠小鄉鎮的十和田市，人口只有六、七萬人的小市鎮，發展出一個極具野心與魄力的龐大計畫「藝術建設城市計畫 Arts Towada」，邀請許多個性化的藝術家前來創作。主要目標是將沒落的官廳街道，化身為公共藝術區域，打造一座具未來感的藝術之城。

十和田市現代美術館

十和田市府團隊，由二〇〇五年開始推動，在十和田藉由藝術獲得新體驗，將城市打造成藝術城鎮，以創造感動的都市為目標，把戶外空間當成舞台，讓藝術氣息自然地融入每個角落。以十和田現代美術館為最佳地標，在主要街道「駒街道」融入了當地居民重要回憶。駒街道以前是馬車的主幹道，十和田市過去是飼養軍馬的重地，大多居民的工作與生活也都與馬息息相關。軍馬為居民重要的歷史回憶，因此這一條街被稱為駒街道。在街上共種植一五七棵櫻樹與一六八棵松樹，於一九八六年被指定為日本街道百選。春天時，櫻花與散步在駒街道的人們，成為美術館最美的一副風景。在街道上設置了許多大型的創作品，讓居民隨時隨地就融入於美之中。

美術館於二〇〇八年開幕，建築是由日本的建築師「西澤立衛」所設計。他與「妹島和世」成立的建築設計事務所 SANAA，設計了金澤 21 世紀美術館和法國的羅浮宮美術館朗斯分館而聞名。這座美術館屬於十和田市藝術造鎮的整體規劃，除了美術館本身設計概念新穎之外，由十六個大小白色立方體交疊組成，主要特徵是以空間來配合展示，因此每一件作品都有獨立的展廳，可以將其設想成為了藝術品而建的家。

部分展覽建築本體空間與室外庭園、中庭、屋頂一氣呵成的融合呈現，像是當代建築大師與藝術大師間的日常對話般完全不違和的對談呈現，三十三組活躍於世界第一線的藝術家，共計三十八件作品。除了美術館內之外，周邊還有像公園一樣，令人心情雀躍的藝術廣場，大人、小孩都能一面散步，一面享受和迷人的藝術交流的樂趣。

一抵達美術館門口就看到一隻以拿破崙坐騎姿態挺立，身軀卻是以四季花卉所組成，來自韓國藝術家崔正化的作品《花馬 Flower Horse》，戰馬擁有雄壯威武的氣勢，身軀融合花卉，成為最受歡迎熱拍的白馬王子。在美術館咖啡店的立方體建築外牆上，為出生青森縣的藝術家奈良美智的作品《夜露死苦，女孩》，以黑色的線條，畫出少

女跟來訪者打招呼的模樣，夜露死苦為多多指教的日文諧音。另一面則是英國藝術家 Paul Morrison 以青森代表水果蘋果樹為主題的線條風景畫。室內空間為咖啡廳與禮品店結合，花朵彩繪地板則是臺灣藝術家林明宏從當地的傳統工藝南部裂織得來的創作靈感，放大花布圖案後，形成鋪天蓋地並且有繽紛色彩的大型作品。街道對面有紅點藝術家草間彌生的創作《永遠的愛，在十和田歌唱 Love Forever, Singing in Towada》，黃色大南瓜旁圍繞著小女孩與小狗。

十和田市民圖書館

由知名建築師安藤忠雄設計的圖書館，結合教育研修中心的複合式設施。延續了以往的清水混凝土建築模式，以乾脆俐落的建築風格，在浪漫的官廳街道形成獨立的幾何形空間，圖書館的外牆主體以大量的留白，把空間交給混凝土與玻璃，把時間交給流動的雲和居民。安藤忠雄想透過圖書館傳遞：「當你

跨越世代、立場、想法進行對話時，就會產生意識和印象，書不是書，沒有印刷的信息將成為培養未來時代必需的思維能力和尊重心靈。」

十和田市民交流廣場

由知名建築師隈研吾體現出建築空間隨著與人的交互而不斷流動，以材質、比例與建築要素來展現不斷變化的感官格局。隈研吾說：「我們稱它為 *Plaza* 是根據城市的發展規劃而來的。十和田市民交流中心是十和田市政府規劃的一部分，主旨在激活城市的活力，為居民提供集會交流的場所。居民可以選擇在這個充滿彈性的空間內，做自己想做的活動它是完全沒有限制的。」

「青森縣立美術館」

青森縣立美術館外觀簡約時尚，是由建築師青木淳所創作的第一座大型美術館。以三內丸山遺跡的發掘現場為構想。建築物採用了大膽的創意，設計成在遺跡發掘現場的巨大塹壕，其上覆蓋著的凸凹有致白色構造體。土牆

和白牆創造出表情豐富的展示空間，營造了與三內丸山遺跡融為一體的設計形象，充分與當地歷史遺跡融為一體。具有獨創性的建築，可以說漂浮著獨特氣氛的美術館整體就是一件藝術作品。

青森縣立美術館於二〇〇六年開館。館內的常設展覽品為著名畫家夏卡爾為芭蕾舞劇「阿雷可」所設計的四幅舞台背景畫當中的三幅，其畫作規模令人嘆為觀止。在這閑靜的空間裡展示著青森縣出身的版畫家棟方志功與藝術家奈良美智的作品。走出館外，好似走在考古遺址現場，上上下下經過窄巷後，突然眼前佇立著剛被挖掘出來的巨大夢遊犬，彷彿跨越了時空界線，透過了真實存在的發現，述說那段曾經被遺忘卻刻印在土地上的歷史。由奈良美智所創作出來的巨大雕塑作品青森犬，也成為美術館的標誌招牌犬，可說是當今最有名氣最昂貴的名犬。來到美術館絕對不能錯過這裡的美術館賣店，裡面的設計小物真是讓人失心瘋的亂買，買隻藍白犬，可說是最棒的禮物喔。

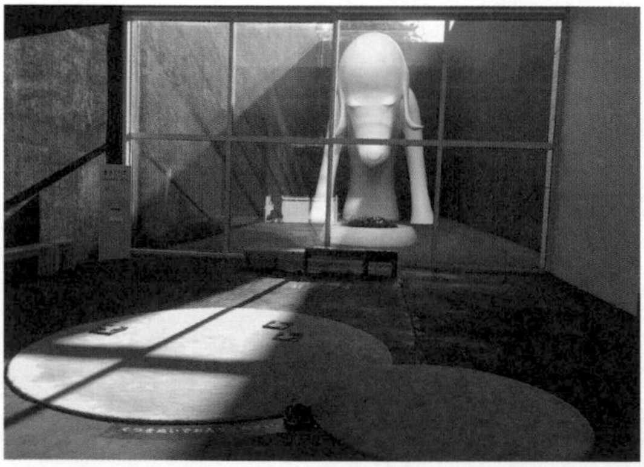

A Factory

青森車站旁 A-Factory 蘋果工廠 ，滿滿青森時尚物產，琳琅滿目用蘋果製成的甜點，簡直是蘋果控的天堂。在這裡也可以買到特別的蘋果酒，以日本蘋果產量第一的青森蘋果作為原料釀造及販售各種蘋果西打酒，也能透過玻璃窗直接看到西打酒的釀造過程。伴手禮的設計樣貌，都讓人愛不似手想要買回去送禮。

在旁邊好吃的海產店「青森帆立小屋」，可以體驗釣魚，只是釣的是青森名產帆立貝，釣上來的帆立貝可以選擇料理作法刺身、壽司、火烤，都可以，自己的晚餐自己釣，是個好吃又好玩的海鮮料理餐廳。

五能線觀光列車

來往青森與秋田間的五能線，被日本人評為一生必搭的五能線觀光列車，沿著日本海海岸線運行，五能線其實是從五所川原車站到東能代車站，不過大部分旅客通常會從青森或是秋田出發，五能線其實是加了從青森車站到五所川原車站，以及

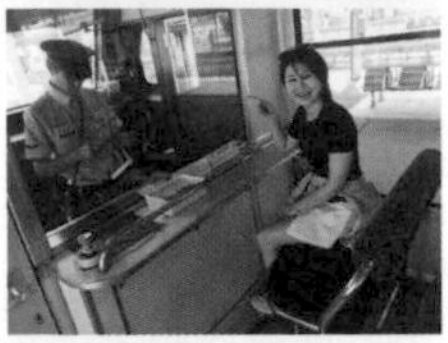

東能代車站到秋田車站的奧羽本線。

五能線有三款特別車輛造型，稱作為白神號愉快列車，俗稱三兄弟列車，分別是一九九七年登場的第一代青池號、二〇〇三年登場的第二代櫸號和二〇〇六年登場的第三代啄木鳥號。青森至秋田間單趟也要五小時左右，加上沿路的景點肯定得花掉一天的時間。

搭乘第一班八點九分從青森市出發的啄木鳥號。從青森市區開向日本海沿線，在列車上傳來三味線的聲音，原來在第一節車廂有三味線的現場演奏。還有當地的行動攤販，在車廂上販賣著白神山地木頭做的手工藝品。

從「鰺ヶ沢」車站開始，進入了壯闊的日本海海景。抵達「千疊敷」車站時，列車會特別停靠十五分，讓遊客可以走向岩岸上去拍拍照。面向日本海的千疊敷海岸為西元一七九二年地震後海底隆起所形成。綿延約十二公里長的岩壁看起來就像津輕的將軍大開宴席時鋪上的塌塌米，因此被稱作千疊敷海

岸。短暫感受海風後，趕在開車前回到列車上。

上車後，最重要的當然就是火車便當，各種琳朗滿目的便當內容，是最讓人期待的火車之旅，因為便當種類太多反而選擇障礙的我，最後選擇了當地名產「青森帆立貝」便當，滿滿碩大的帆立貝，鮮甜滋味緩緩在口中滿溢出來。中午前抵達「十二湖」車站，來到了我們今天的重頭戲白神山地，下車後在月台確認著前往秋田下一班車時刻表，設定了鬧鐘後，我們帶著行李寄放在車站對面的商店，等待著上山的公車。

『白神山地』

一沙一世界，一花一天堂。掌中握無限，霎那即永恆。

造訪世界自然遺產白神山地，漫步在世界最大的山毛櫸森林中。白神山地是橫跨青森縣和秋田縣，面積達十三萬公頃的山嶽地帶的總稱，一九九三年其中心部分被列爲世界自然遺產。源流地區幾乎從未經過人工修繕而保持著大自然的原貌，保留著世界上最大的山毛櫸原始森林。在這片山毛櫸森林中，保存了最原始的原生態系統，不僅有山毛櫸原生林蓬勃生長，黑啄木鳥、日本猴、睡鼠、山鷹、月輪熊等稀有的野生動物在此棲息，生態系統完全保持著自然形態。十二湖可以說是白神山地中最輕鬆地走入世界自然遺產登錄地區的路線。可以輕鬆地感受以櫸樹為主的落葉闊葉樹林中蘊藏的力量。

津輕國定公園「十二湖」由於一七〇四年發生大地震引起的地層下陷所形成，從大崩往下眺望能看到十二座湖泊，因此被稱作十二湖。從車站搭乘巴士往十二湖方向行駛，抵達最後一站森林的物產館 kyororo，這裡是賣店也是餐廳。從這裡下車步行於林道裡可以抵達最知名的「青池」，不少遊客都是為了一睹湖水呈現出一種特別的夢幻藍光而來，春夏的陽光灑落湖面時，呈現出令人迷幻的藍，因此也被稱作神秘之湖。

走向健行步道上設立著許多療癒告示牌，透過森林打開五感，伴隨著鳥鳴與振翅、風輕搖樹梢傳來的神奇交響樂，枝葉隙縫中傳來陽光，體驗大自然的療癒力量，走進森林，身心靈都可以得到正向的轉換。穿越森林往前走另有一池叫「沸壺之

池」，不同於青池的藍，沸壺之池還多了一份碧綠。

來到「雞頭場之池」，據說湖形如雞首一般。這裡的湖面十分澄淨，如鏡般映照著一旁的櫸樹林，可以拍攝到非常美麗的池光倒影。

西元一九八二年日本林務廳所長秋山智英先生首創森林浴一詞，倡導漫步森林、沐浴綠意，讓身心一起恢復元氣。休息的「休」

則是人依靠著樹木。森林療法的精神就在於相信，人親近樹木會得到健康。森林療法是一門新興的學問，其實也是人類自古就存在的經驗。主要的信念是在森林環境中，人的身體結構可以恢復原有的平衡感和步調。在森林步道尾端，來到「落口之池」位於十二湖庵茶屋正前方，一旁的山林溪流是由「沸壺之池」順流而下，沸壺池之清水入選平成百大名水，在這裡休息片刻並且取用觀音保佑的清水後，心滿意足的漫步下山走回車站。

返回秋田時，搭到另一台列車橅 Buna 號，日文為山毛櫸之意。裝載混和動力系統的，外觀以山毛櫸的色調作表現，採用自然而有層次感的綠色，呈現出溫和光影的設計。內部裝潢

採用大量的秋田產杉木和青森羅漢柏等沿線的木材，呈現出溫暖放鬆的氛圍。另外，三號車廂設有吧檯，販賣沿線美食，在車上欣賞日本海海景同時，也能品嘗地方美食。看著窗外一面風景為日本海，另一面則是森林，人類起源於自然，那裡有我們的記憶和世世代代的循環。宇宙的新天地裡有生命樹所結的果子，是為醫治萬民。療癒之森是人類企盼的原鄉。森林療法打開了一扇門，通往回到伊甸的路。睽違千萬年的生命樹，正等著我們去擁抱，並且走向森林。

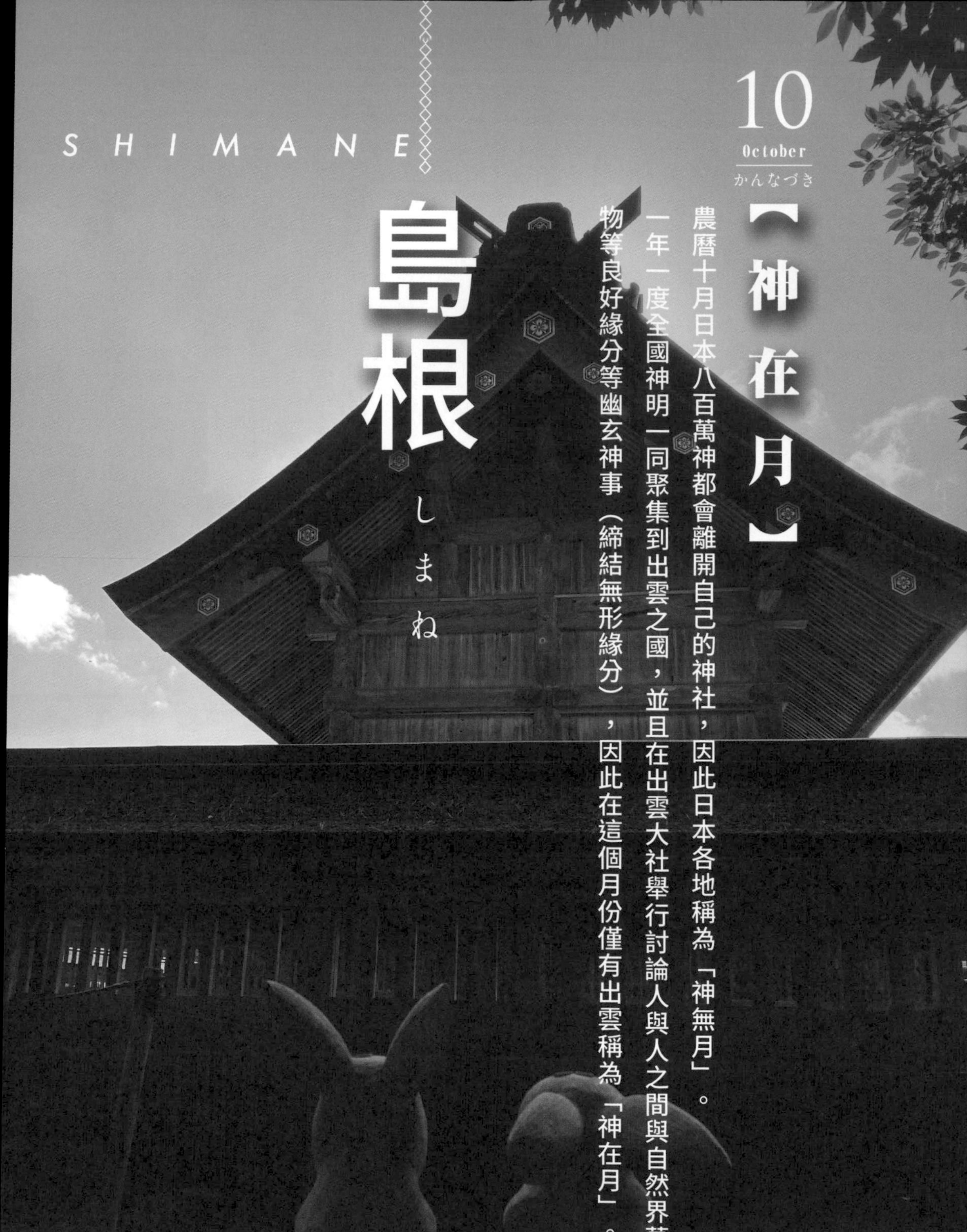

10

October

かんなづき

【神在月】

農曆十月日本八百萬神都會離開自己的神社，因此日本各地稱為「神無月」。

一年一度全國神明一同聚集到出雲之國，並且在出雲大社舉行討論人與人之間與自然界萬物等良好緣分等幽玄神事（締結無形緣分），因此在這個月份僅有出雲稱為「神在月」。

SHIMANE

島根

しまね

出雲 神話之國 緣結聖地

走入古事記日沉之國，
合掌祈願獲得重生的力量和天賜良緣。
帶著神明的恩惠，
展開結緣神話之旅。

出雲大社

出雲豐裕的山林且鄰近日本海，出雲市與三重縣的伊勢市正好成東西一直線，伊勢神宮被稱作為是「日出之國」，然而，有神話之國美名的出雲便是「日沉之國」。位於出雲最具代表性的便是以八雲山為靠背，有著數千年歷史，莊嚴肅穆但卻帶著愛與希望的「出雲大社」。

從出雲大社周邊已經停駛的「舊大社」車站開始，JR的大社站一九一二年開業，一直到一九九〇年廢線。一九二四年時改建為宮殿風，以神社樣式格調的木造建築。屋頂為黑色瓦片，牆壁為漆喰工法，是非常珍貴的歷史價值建築。來到這裡不只可以參觀華麗的車站內部，也有幾個特別的細節可以仔細觀看，在車站內的樑柱為來自台灣的檜木、屋頂上有九隻非常特別的烏龜、正面入口屋頂中中央處的鬼瓦以火車的輪組描繪著、在第一月台的鐵蓋上為出雲大社主祭神大國主命的使者月兔圖案。雖然說大社線已經廢線，但是受到良好的保存，已經登錄為國家重要文化財和指定為近代化產業遺產。

從舊火車站前往出雲大社，經過清澈的堀川，架設在堀川上為宇迦橋，因此第一個鳥居又稱為「宇迦橋大鳥居」，創建於一九一四年，當時為了慶祝大正天皇即位以及新的參道

整備完善而創立。高度為了不超過出雲大社本殿二十四公尺，因此鳥居高度為二十三公尺高，當時稱為日本第一高的鳥居。鳥居兩旁有惠比壽爺爺保佑著，穿過鳥居後稱為神門通，左右兩側都是賣店和餐廳。

接著經過第二個鳥居為「勢溜鳥居」，通往聖域的入口，踏上全日本少見向下傾的參道，人們必須低著頭順勢前進，帶著謙卑之心進入聖地，四周古松木樹林並排延伸，處處散發著靜謐與肅穆。

位於參道的右手邊為「祓社」，這裡是出雲大社的末社，總共有四柱之神總稱為「祓戶大神」分別為：

瀨織津姬神：由源自山之川瀨的瀨織津姬神，將所有一切禍事、罪愆汙穢沖入大海。

速開津姬神：由河水注入海口的禊祓之女神，捲起渦流將污穢沉至海底後一飲而盡。

氣吹戶主：由鎮坐於根國之門的女神，將前者吞飲之一切禍事、罪愆汙穢吹往根之國。

速佐須良比賣：最後由根之國的強大女神，將這些被吹散至生命根源之國的罪穢完全消滅淨化，使人們得以重新淨化並且恢復生命力。

在我們不知時無意沾至身心的髒污，平時注意自己不要靠近污穢之物，以保持潔淨與澄淨心靈，使生

命力與元氣枯竭的狀態重新復活過來，為供奉著淨化身心的祓戶之神。從這裡開始清理，並且帶著神明的御心，開始前往參拜。記得第一次來到這裡時，參拜完後，眼淚就開始流個不停，走到旁邊的池塘坐下，一直讓淚水清理自己，感謝並且整理整頓好自己後才開始往前進。

渡過祓橋後為第三個鳥居松之參道稱為「鐵鳥居」，在境內屬於規模較小的鳥居。參道分為中央和左右兩側三條路，正中央的參道為神才能走的道路，以前只有神職人員與皇族才能行走，如今正中央的參道為了保護松樹的樹根，因此無法通行，請走在左右兩側。此處入選為日本百大名松。

來到了境內，左右兩邊都能看到出雲大社主祭神的雕像。

在左手邊稱為「慈愛的御神像」，能看到大國主神幫助白兔的雕像。根據《古事記》記載，大國主神是打敗八歧大蛇的須佐之男命的第六代神孫。

在《因幡之白兔》傳說中，大國主神是充滿同情心並且幫助弱者的神明。年少時，遭受兄弟的嫉妒和欺凌，二次陷入生命危險。但是每當他瀕臨死亡，都會被女神拯救並且死而復生，因此也被看做是幸運和重生之神。

在左手邊則稱為「緣結的御神像」，跪地高舉雙手的是大國主神的雕像。

從古事記至神道教記載：神將自身的靈傳至地上萬物。從人類、動物到草木。皆有四種魂，稱為「一靈四魂」。分別為：和魂、荒魂、幸魂和奇魂。透過直靈能夠與自然法則一致正常運作。遭受污染的違反自然法則被稱為曲靈。

「和魂」代表「親」表現出溫柔、設身處地，反之，變成蠻橫無理。

「荒魂」代表「勇」表現出向上、勇敢積極，反之，變成暴力傾向。

「幸魂」代表「愛」表現出豐收、眾生之愛，反之，變成冷淡偏執。

「奇魂」代表「智」表現出智慧、分析理解，反之，變成詭計多謀。

這座緣結的御神像則在闡述，當大國主神在建國過程中經歷重重困難而躊躇不前時，眼前波濤巨浪中出現了一顆光球，大國主神問說：您是何物？光球回答：我是您的幸魂和奇魂，來協助您建國。大國主神便跪下迎取，於是完成建國大業。

因為大國主神掌管的是肉眼看不見的世界，也就等於掌管人與人之間的緣分，他也是奠定建國、造村、農漁業生活等基礎的神明，被視為能夠保佑人類成長，社會幸福安定，因此出雲大社成為名聲與播全國的結緣大社。

進入神的領域之前，記得來到「手水舍」，洗淨參拜的雙手以及漱口，才能跟神明訴說心靈的話語，以示尊重。

經過第四個鳥居建於一六六六年為青銅製的「銅之鳥居」，是境內建造年代最久遠的鳥居。在鳥居的柱立上可以看到銘文顯示，出雲大社的主祭神在中世紀前後為「素戔嗚尊」，現在則為大國主神。據說摸鳥居能保佑金運提升，難怪鳥居被摸得發亮。

穿越鳥居後，位於左側能看見「神馬神牛像」，據說撫摸神馬能早生貴子與順利安產，撫摸神牛能提升學習力。看到馬頭與牛頭跟鳥居一樣，都被撫摸的閃閃發光。

＊建議前往出雲大社參拜盡可能穿過四座鳥居，首先要穿過神門通道的大鳥居「宇迦橋大鳥居」，接下來勢溜的正門鳥居「勢溜鳥居」，下坡參道前方松樹林立的鳥居「鐵鳥居」，最後是拜殿前方的「銅鳥居」，穿過四個鳥居接下來是前往拜殿進行參拜。

迎面看到的就是拜殿建於一九六三年為戰後最大的木造神社建築。高度約十二點九公尺，為大社造和切妻造的折衷樣式。在這裡舉辦祈禱和奉納等行事。注連繩為長六點五公尺。可以發現拜殿向左偏移，這是為了方便從這裡就可以直接看到正殿的屋頂。

在正後方為「八足門」為距離主祭神最近的門，從這裡遙拜本殿參拜。御本殿和八足門之間的樓門，只有在新年五天開放到樓門前參拜，以及在神在月的神在祭僅三天時段內，開放民眾一同入內參拜。

出雲大社的主祭神為「大國主神」，具有使人與人之間結良緣並且獲得幸福圓滿的神力。在每年農曆十月，大國主神會招集全日本的神明來到出雲進行會議，針對農作物收成、天候、經濟等，以及人世間最重要的「姻緣」商討議事。

出雲大社的參拜方式與各地神社參拜方式（二拜、二拍手、一拜）不同，禮拜時

要遵循著（二拜、四拍手、一拜）古老參拜禮法，在境內的所有神社皆為（二拜、四拍手、一拜）的參拜方式。

御本殿被認定為國寶，建造於一七四四年，為日本最大的神社建築樣式稱為「大社造」，高為二十四公尺，厚重的檜皮葺大屋頂上交差著兩組長七點九公尺的千木。與三重縣伊勢神宮的「神明造」及大阪府住吉大社的「住吉造」同稱是日本最古老的三大神社建築風格。根據出雲大社的記載，遷宮從江戶初期一六〇九年開始，每六十年進行一次。出雲大社稱為復活更新思想，透過大規模改造修繕，一方面為了維護木造結構，同時傳承神殿建築技術的智慧，更重要的是為了保持神社的潔淨與更新神力。

參拜一圈後前往「神樂殿」為一九八一年建照，為舉辦祭典、參拜、結婚儀式地點。正面為全日本最大的巨大注連繩，長一三點六公尺、重量五點二公噸，全由手工製作，每隔六年便會汰換更新，工程相當浩大。《古事記》和《日本書記》記載日本的創世神，伊邪那岐和伊邪那美豎起天之御柱，互相約定朝柱子相反方向走相遇之時就成婚，可說是日本結婚的起源。平安時代，男性去女性住處共處三晚，如果女方接受的話，就會舉辦結婚儀式。到了室町時代，婚禮以武家為原型開始舉辦，白無垢的婚衣就出現在這個時候。一九〇〇年皇太子大正天皇在宮中舉辦婚禮，逐漸發展成，在神社內，以神前儀式祈求神

明祝福，所舉辦的日式傳統婚禮。出雲大社的神樂殿可是全日本新人票選第一名，最想在被稱為祭拜結緣之神的出雲大社舉行婚禮。

一個人在神在月迎神日當天來到這裡參拜時，發生了一件非常幸運的事情，正在拍神樂殿的注連繩的我，有一位出雲大社的神職人員主動幫我與注連繩拍照，左拍右拍正拍彷佛攝影師外拍，任何角度都幫我拍了一番，忍不住大笑了出來。神職人員幫我做介紹之後，很熱情的就帶著我去剛剛走過一圈的神社邊走邊介紹。

我們先前往拜殿旁邊的一棵大樹下，基本上一般來說人都不會注意到的地方，有兩顆秘密的石頭矗立在樹中間，請我摸著這兩顆石頭，並且說著：「這兩顆石頭會保佑你早生貴子喔。」一聽之後，心裡想著，可以先來男朋友嗎？

隨後往十九社參拜，東十九社與西十九社位於本殿的東西兩側，為神在月期間，從日本各地前來出雲大社開會的眾神，將會住宿於此。因此只有神在祭期間門戶才會打開。位於東十九社旁的「釜社」，為宇迦之魂神也稱為「稲荷神」，為賜與食物之神。

靠近御本殿右內側的「御向社」，為祭祀大國主神的老婆「須勢理姬命」，在神話裡多次幫助丈夫度過困難，輔佐建國之大業，也是第一位寫情書的才女。在「御向社」右側則是「天前社」，根據《古事記》大國主神遭到兄弟嫉妒迫害時，母神前往高天原向神產巢日神求救，神產巢日神派遣「蚶貝比賣命」與「蛤貝比賣命」拯救大國主神。這兩位則是負責掌管醫藥，並且用貝殼療法，治療傷口的女神，也可以稱為是大國主大神的醫生。

位於御本殿正後方的「素鵞社」，被視為最強能量點，御主神為退治八岐大蛇的素戔嗚尊。為大國主神的父神。位於大社的正後方，守護著大國主神。參拜後，走向神殿的正後方，神職人員請我雙手摸著岩石，原來八雲山本身為御神體，在這裡可以感受到八雲山傳達的強大能量，並且幫我取了在神殿正下方的沙子，請我帶回家，是擁有素戔嗚尊力量的神沙。神砂據說可以清除邪氣，並且帶來幸福力。蓋房子時，灑在住宅四角能守護家園。灑在農地的話，能保佑農作物豐收健康。

如果想要將神之沙帶回去的話，記得要先前往「稻佐之濱」在辯天島底下挖砂後，回到「素鵞社」進行參拜後，將從大海取來的沙倒進沙箱裡，接著取出沙箱的沙子帶回去供奉使用即可。

我們走到本殿的後方，神職人員跟我說，日本藝術家岡本太郎曾說過：「小的時候來到出雲大社，走到本殿的後方注視了許久，感受到自然與神靈。因此，從背後最能真正感受到人事物真正的元氣與能量。」聽完以後，我跟他說，我一定要去大阪萬國博覽會看看由藝術家岡本太郎設計的太陽之塔。

走完外圍一圈後，竟然帶我進去了平常根本無法進入的八足門參拜，他先請我掛上一條白色的長布條稱為「淨掛」，揮舞著大幣，為我除去身心的污穢，隨後帶著我前往本殿的正前方，天阿～是正前方，他跟我說平常人無法到這麼近的地方參拜，當時的我還不知道原來這真是超近的距離，幸運的直接跟大國主大神訴說心願。

參拜完後，我們在八足門內繞了一圈，跟在外圍繞的感受完全不一樣。走到本殿的後方時，神職人員說著：「當大國主神把日本國讓給了天照大神後，得到了幽界的統治權。也就是說大國主大神掌管日沉之國的世界。所以大國主神鎮座方位是面向西方，也就是夕陽下山之處。所

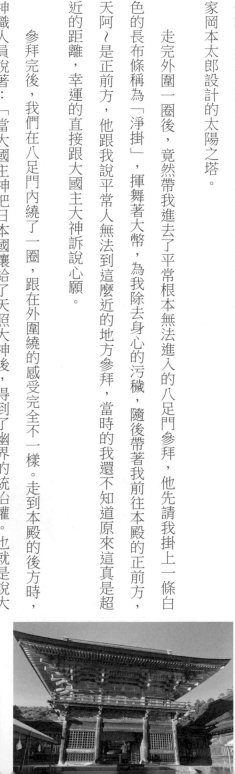

以當日落後，也是大國主神能量最強大的時候。」

因為大國主神跟一般的神社不一樣，並非鎮座於正面參拜方向，而是鎮座於西方面向日落之國，因此成為特殊的參拜方式，從本殿的正面參拜完後，大家還會來到大國主大神面向的西方參拜。

離開本殿後，我們前往旁邊的宝物殿「神祜殿」。一進門後，立刻被三棵巨大神柱給震撼著，他告訴我這稱為「心御柱」，被奉為鎮殿之寶。在這裡可以看到古老的出雲大社的本殿模型，古代則為架高地板樣式的神殿，共有九根柱子，正中央的柱子則稱為心御柱。

在二千年時，出雲大社境內挖掘出十三世紀前巨大的柱子，被認定為是巨大宮殿底下的柱子遺址，由直徑一點三五公尺的杉木組合而成，為三根大木為一柱的立柱結構，高度為四十八公尺，是一座高聳入雲的超高神殿建築。與出雲大社千家國造家所收藏的「金輪御造營差圖」中所描繪的圖案極為相似，這重大發現為古代的巨大神殿是否真實存在過的重要線索。在拜殿與八足門中間地上畫著粉紅色的巨大圈圈，推測是古代巨大神殿柱子曾經站立的地方，看著寶物殿的模型，古代出雲神殿壯麗雄偉的程度實在超乎想像。為了象徵大國主神的神威，在出雲大社可以看到許多最大的東西。出

雲大社的本殿是神社建築之中日本第一大，現在為二十四公尺高，在平安時代為現在的二倍高度，據說為四十八公尺高，因此被稱為巨大宮殿。在神樂殿的大注連繩為全日本最大的大注連繩。在神樂殿外面也可以看到全日本最大國旗（約十四公尺×九公尺）。

來到二樓我們看著天花板上的「八雲圖」，並且告知我這裡所描繪的八雲圖，就是在本殿內部天花板上的圖繪。並且請我看看八雲有什麼不一樣呢？並且解釋了八雲圖的秘密。

1.以紅、藍、黃、紫、黑等色彩描繪七朵雲彩稱為八雲。但是為什麼只有畫七朵雲呢？有一傳說是松江市的神魂神社的天花板上描繪了九朵雲彩，也就是說其中一朵雲飛到神魂神社。八也是無限之意，也象徵著出雲大社和大國主命的御威光，延續著無限未來，並且還有進步成長的空間。

2.有一個方向不一樣的雲朵，還有一朵特別大的雲朵，中央最大的雲稱為「心之雲」。遷宮時，在正午時刻，舉辦特別儀式，在正中央的黑雲上，畫上「心」。彷彿於不倒翁開眼一番，最後點墨並且祈求天下泰平與國土平安。

Ps：寶物殿內部無法拍照，照片取自官網。

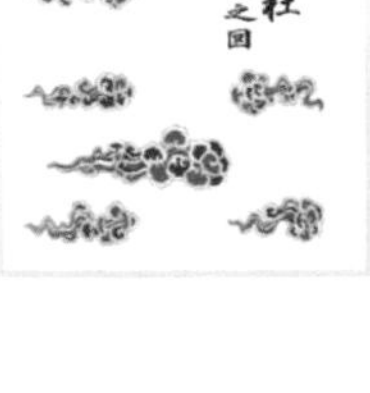

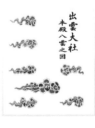

從寶物殿離開時，神職人員還送了出雲大社「平成大遷宮」時，從本殿屋頂上取下的檜木皮為我祈福，深深地謝謝幫我介紹的神職人員，詢問了他的名字後，他給了我一張他的名片，才知道原來他是出雲大社的「權宮司」，是職位非常崇高的地位。他的爸爸即是出雲大社最高職務的「宮司」。

大國主神完成了造國大業建立了瑞穗之國，之後把瑞穗國讓給了日本民族大親神「天照大御神」。天照大御神感念大國主神讓國，於是就為他建造天日隅宮（現今的出雲大社），並且讓兒子「天穗日命」仕奉大國主神。而天穗日命的子孫代代稱為「出雲國造」，並且擔任出雲大社的宮司。連結了人與神的緣分，連結了當下與傳統，讓人世間來到聖地的人都可以擁有愛與希望，讓人與人之間的美好善緣成為良緣。

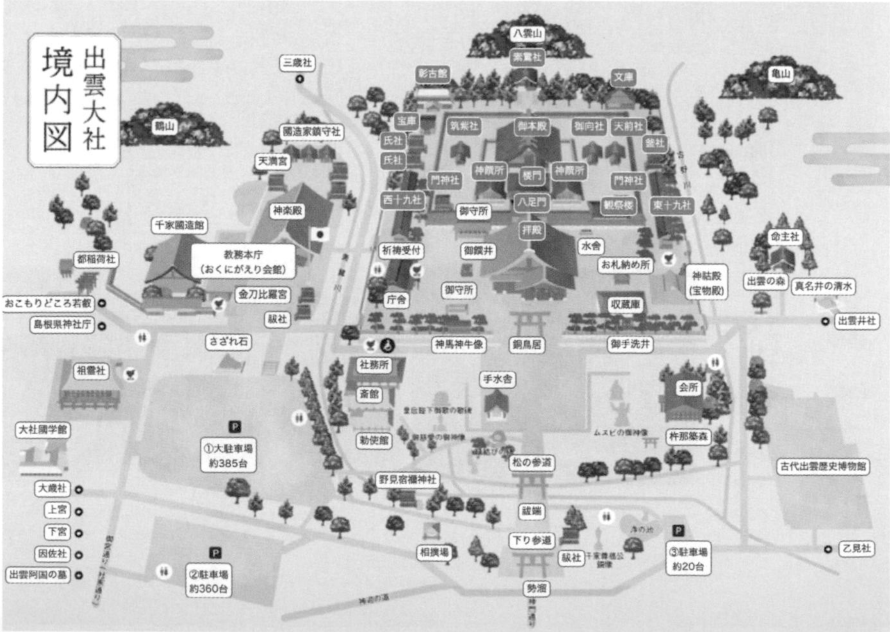

神在月祭典

稻佐之濱「神迎祭」

舊曆十月十日 午後七時

道別了權宮司後，我也出發前往神迎祭的會場，在舊曆十月十日晚上七點，全國八百萬眾神將會聚集，在出雲大社西方約一公里的稻佐之濱舉辦「神迎神事」儀式，迎接眾神們前往出雲大社。海邊上滿滿的等待八百萬神的民眾，走到最靠近大海的地方等待著，在海邊感受夕陽與海潮聲，記得權宮司說過，來到稻佐之濱一定要摸摸海水，如果可以的話，記得把鞋子脫掉，用雙腳感受潮水的能量。

想起古事記中讓國神話重要的一環，天照大御神派遣建御雷之男神，來到出雲之國稻佐之濱，要大國主神讓出國家。大國主神回答說：「你可以問問我的兒子事代主神意下如何？」於是便將事代主神召來詢問，事代主神說：「此國就獻給天照大御神吧。」然而大國主神卻又說：「你也可以問問我另一個兒子建御名方神之意。」兒子得知後，表示要和建御雷之男神單挑比試。建御雷之男神以神力將建御名方神的手變成冰塊和劍，甚至一把將祂的手握碎。因此建御名方神逃至信濃國（長野縣）的諏訪湖，並且認

敗同意讓國。作為代價自己一生都不會離開諏訪地方。

全日本在舊曆十月，都稱為神無月。除了出雲還有二間神社稱為神在月。

1. **諏訪大社（建御名方神）**：祂是大國主神的兒子，也是國津神中力量最大最有勇氣的神明。

2. **鹿島神宮（建御雷之男神）**：代表天津神接收葦原中國的神明，腳下踩著一隻大鯰魚，只要他離開鹿島神宮，據說就會發生大地震。（歷史上有多次在舊曆十月發生大地震）

午後六點以後，神職人員在海濱入口處給予來參與神迎神事的民眾，每人一個「神迎御幣」，帶著神迎御幣迎接眾神。在海邊等待時，每一年都來參與神迎祭的當地人跟我說，神迎御幣是在儀式中迎接奉獻給神明，然而神明的靈會成為一部分，回家後把神迎御供奉起來，保佑一整年的家內平安。

天色漸漸昏暗，到了晚上七點，周邊的燈光一盞一盞的關滅，只剩海濱上燃燒的御神火的火焰光芒照耀著神籬，神籬為除了神社和神壇以外的祭祀場所，以注連繩串連成作為召喚神明的地方。隨著太鼓的奏響，出雲大社的宮司奏上祝詞神迎祭展開了，看著神火的煙吹拂著方向，閉上眼感受著海風與海潮聲，等待著眾神們來到出雲，抵達稻佐之濱的眾神們將由龍蛇神引導，經由神引之道穿越勢溜鳥居，穿越神才能行走的松之參道，進入出雲大社神樂殿。神職人員們身穿著傳承自平安時代的裝束打扮，慎重著提著懸掛的白布，前往神迎神事的神幸道路，一步一步經由鳥居前往出雲大社神樂殿。並且由出雲國造千家宮司來舉行「神迎祭」儀式，宮司奏上祝詞，巫女們奉奏揮舞，結束後，眾神們前往東西十九社入住。隨後來參與的民眾都可以在今晚依序一同進入神樂殿參拜祈願。

參拜結束後，發給一同前來參加迎接眾神的民眾們神迎餅與御神酒，以稻米製作的食物具有重要意義，是最能取悅神明的供品，喝著御神酒，也能從中獲取神明的靈力，彷彿透過飲食與眾神們連結著。記得拜領御神酒前先行一次拍手禮，再用雙手受領酒杯，由巫女將御神酒倒入酒杯，喝完再拍一次手。喝下神酒後坐在會場的我終於放鬆了，從古流傳下來的祭典有很多是在晚間進行著，置身於現場必定會有不可思議的氛圍與感受，現世與異界、千年前接續著現在，現在連結著未來，這一整天在出雲大社不管是獨自參拜或者是遇到權宮司，在海邊輕撫的海水與一起坐著迎神的日本人們，眾神們用很多不同形式與我們連結著，祭典的參與者都成了遠方來訪的神明，帶著些微的改變返回人間。

「神在祭」舊曆十月十一日 午前九時、舊曆十月十五日 午前十時、舊曆十月十七日午前十時

日本全國眾神們將於舊曆十月十一日至十七日，於出雲之國舉行神事。於這三天將在御本殿舉辦「神在祭」祭典儀式。出雲大社的主祭神大國主神為主宰著人間看不到的事物，並且連結人世間的幸福與緣分稱為結緣之神廣為人知。一大早自然醒來，於是來參加了第一回的神在祭，第二次進入平常無法進入的本殿覺得很開心，進去時，神職人員發給我們一張「謝恩詞」，在儀式期間可以跟著宮司一同覆誦，感謝著眾神們給予的恩惠與祝福。

「上宮祭」舊曆十月十一日~十七日

大國主神主要掌管神事幽事，人間肉眼看不到之國，也是受到八百萬之神信賴的存在，因此神在祭期間由大國主神擔任神議的主持人，領導著為期七天的會議「神議」。想起在來出雲的火車上，和友人聊天提起這個祭典，Mandy 說：「神也要出差開會喔，還連續七天開會，真是太認真了。」

會議名稱：來年度幽玄神事

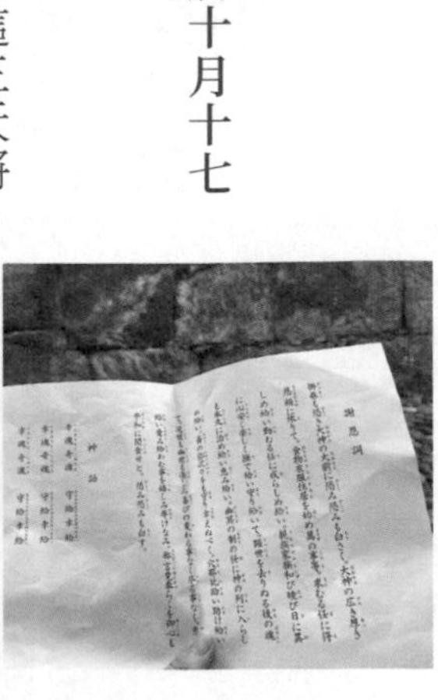

會議時間：舊曆十月十一日至十七日
會議地點：出雲大社西方九百五十公尺處為出雲大社的摂社「上之宮（仮宮）」。
出席人員：八百萬神
缺席人員：建御名方神、建御雷之男神
會議主持人：大國主神
會議內容：明年人與人之間的緣分、商討大自然豐收狀況等難以計數的神事。

「十九社祭」 舊曆十月十一日～十七日

出雲大社御本殿鎮座於東西方位的十九社。平常為八百萬神的遙拝所，神在祭期間，為從日本各地來的眾神們住宿地點。一年之間只有神在祭為期七天，十九社將會打開神社之門，每天早上將會舉辦祭事。

「龍蛇神」 舊曆十月十一日～十七日

眾神們的引導使者龍蛇神，以農作物、漁獲豐、家業繁榮等為祭拜信仰。神在祭期間在八足門內將特別舉辦龍蛇神祭拜。

「神等去出祭」舊曆十月十七日 午後四時

以人世間的幸福為主要緣結內容，七天密集的會議結束後，將在出雲大社拜殿舉辦送神儀式。神職人員從東西兩側的十九社迎請眾神們來到拜殿，宮司於拜殿裡唱誦著御神恩，站在拜殿外面的我們，在外面聽著宮司說著「お立ち～送請～」，站在外面的我，看著出雲大社兩側的森林因風的搖曳而陣陣響著，每當宮司說著「お立ち～」，不同方向的森林搖曳著，最後在參道前方的松樹群，也隨著風聲搖曳著。吹啊～吹啊～八百萬眾神們離開出雲大社，前往出雲之國拜訪其他神社。

夜訪出雲大社

權宮司曾說過太陽西下後，是眾神們開始上班的時候，晚上來到出雲大社，能量特別強，為了讓眾神們能聽到心願，不論白天與晚上都要來參拜。在滿月時，來到出雲大社，與白天的氛圍完全不同，隨著燈籠的指引在參道上漫步，滿月光照耀著大社，時而莊嚴，時而幽邃，與月兔相伴，體驗特殊氛圍的夜間參拜。

在出雲之國舉辦的神在祭時間表

朝山神社 舊曆十月一日〜十月十日

八百萬神首先降臨於島根県飯南町「琴引山」，古時稱為彌山，為靈山做為信仰中心，位於山頂附近有琴引山神社，主祭神為「眞玉著玉之邑日女命」。是一位容姿端正，個性溫柔的美女，如玉般美麗的女神，也可以說是大和撫子的原型。據說大國主神為了向女神求婚，而每天早晨前往女神之居處，因此該地改命名為朝山，她是大國主神的妻子。她也是出雲之母「神產巢日神」的女兒，神產巢日神被出雲眾神尊為祖神。在大國主神遭受迫害時，神產巢日神派遣「蚶貝比賣命」與「蛤貝比賣命」拯救大國主神。出雲大社也是神產巢日神親自招集諸神，以高天原宮殿為藍本指揮建造而成。

八百萬神在前往出雲大社神在祭之前，會先來到朝山神社再一同出發前往出雲大社，因此在神社境內也有十九社，提供眾神們抵達時入住。

日御碕神社 舊曆十月十一日〜十月十七日

位於出雲大社西北方向的日御崎神社，神社分為上之宮也稱為神之宮與下之宮也稱為日沈宮，上下兩社合併總稱為「日御碕神社」。

穿過花崗岩的鳥居後，鮮豔的朱紅色樓門，彷彿進入海龍宮。穿過樓門後，在右手邊樓梯上去的地方為神之宮，主祭神為素盞嗚尊，為神話中斬殺八岐大蛇的素盞嗚尊神祇，並且建立出雲之國，傳說素戔嗚尊造國任務完成後，取一柏葉占言說：「吾之魂將居於柏葉停留之處」，於是將手中柏葉隨風飄起，決定將自己的神魂放置在柏葉靜止處，於是將柏葉飄向風中，最後柏葉飛舞停留至神社背後的「隱之丘」，因而成為素戔嗚尊神魂鎮守安息之處。之後素戔嗚尊的後代子孫「天葺根命」與此地恭奉素戔嗚尊。

位於鳥居一進去的社殿為下之宮，主祭神為天照大御神，被奉為日本天皇的始祖，也是象徵日出的太陽神，相對於伊勢神宮為日出宮，日御崎神社則為日沉宮負責守護太陽西下後的日本。伊勢與出雲也剛好呈現在地理位置的對角線上，一個守護日本的白晝，另一個守護日本的夜晚。日御碕神社也是島根縣內著名的賞日落地點。

熊野大社 舊曆十月十一日~十月二十六日

在出雲國中被稱為「大社」的僅有松江市熊野大社和出雲大社，平安時代之前，熊野大社比出雲大社神社的等級還要在高階，又稱為出雲國一之宮。

御祭神為熊野大神（素戔嗚尊）。熊野大社在奈良時代的古誌《出雲國風土記》中，被描述為在出雲國地位最高的神社，過去的信仰程度曾超過出雲大社。在日本神話裡向無助的老夫妻伸出援手，協助打敗了八岐大蛇，拯救了原本要成為大蛇祭品的老夫妻的女兒。並且與老夫妻的女兒結為連理。守護人們農作物豐收、保佑事業順利發展、人世間的愛與和平。也被稱作為「日本火出初神社」，火的發祥信仰傳承神社，尊崇「火＝靈＝神」，使得人們和平與繁榮的大神。火的使用，為夜間帶來了光明，並且給人類的行為帶來了重大改變，也改善了生活飲食等方式。

最著名的祭典為十月十五日鑽火祭。當天出雲大社的宮司為了「古傳新嘗祭」需要使用的火燧臼、火燧杵而來到熊野大社。每年從熊野大社授與燧臼、燧杵。這個授與儀式稱為「亀太夫神事」。出雲大社的神使帶著貢品來到熊野大社，並將神餅做為貢品獻給熊野大社。隨後由出雲大社的宮司跟隨著神器的節奏，揮著出雲國造的「百番之舞」。並且透過鑽火祭將神火的能量世代傳承下去。

根據歷史述說著，熊野大社以往也是每年祭祀著神在祭，根據《熊野大社并諸末社荒神指出帳》指出，江戶時期位於上之宮舊曆十月十一日舉辦「神在御神事」。舊曆十月二十六日舉辦「神等去出之御神事」，不知道從哪時候開始，祭典沒有再被延續下去，一直到平成二十五年重新展開熊野大社的神在祭。

神魂神社

神魂神社據說是出雲國造的祖先，天照大神之子天穗日命所創建。為了守護出雲之國，從天上降臨至此，並且創建神社。天穗日命的子孫在此地擔任了二十五任的國造，之後才移至出雲大社。但是重要的祭典「神火傳承儀式」、「古傳新嘗祭」還是會回到神魂神社舉行。從熊野大社接受了火的儀式之後，就會來到神魂神社饗宴。據說在明治維新前神火傳承儀式、古傳新嘗祭等儀式都是在神魂神社舉辦，熊野大社則是負責準備神火的器具火燧臼與火燧杵。本殿也是日本現存最古老的大社造，創建於一三四六年，創造的時間比出雲大社更早了四百年。主祭神為創造國土，並且生下眾神之母「伊邪那美命」與「伊邪那岐命」。神在月的舊曆十月十一日眾神們，將會聚集在神魂神社參拜母親伊邪那美命。位於本殿天花板上繪有九朵雲彩，其中一朵雲就是從出雲大社飄過來，因此從八雲圖成為九雲圖。社紋為二重龜甲裡，以漢字「有」為社紋，其實不是漢字中的「有」，而是拆開上下來看，真正意涵為「十月」，代表著自古以來神明會在十月來到出雲國集合。

來到神社時，剛好遇到老師帶著一群約十歲左右的童子軍們來到神魂神社校外教學，小朋友很開心的在神社裡奔跑嬉鬧，這時候在等待買御守的我們聽到，神職人員馬上跟老師說：「這裡是神社場域請保持肅靜」。然後當我們要買御守時，用了買的日文後，神職人員很認真的跟我們說，不能說買要說「奉納」。神職人員很嚴謹認真的守護著創造神的聖地。當心情疲累時需要被療癒時，或者迷失自己，對於前方方向感到不安時，想要好好傾聽內在聲音時，並且想要重新開始的你，很適合來到這個充滿古老女神力量的地方。

万九千神社 十月十七日～十月二十六日

八百萬神開會完，神在祭結束當天從出雲大社離開後，就前往万九千神社入住，並且開始遊山玩水拜訪其他神社。万九千神社在十月二十六日舉辦「神等去出神事」，當天晚上會為八百萬神舉辦宴席料理，準備米、酒、山珍海味等供品。並且以感謝和祈念的心情奏上祝詞，奉告準備離開出雲回到家鄉的眾神們，準備要各自返回故鄉，期待明年再相會。最後宮司一邊唸著三次「お立ち～」一邊手拿著梅樹的樹枝往幣殿之門扉揮敲著，據說這個動作是為了叫

醒，喝到醉醺醺醉倒的神，神社的宮司就會以這樣的方式請神。所以在這裡最有名的則是「戒酒御守」。万九千神社的御神德以結緣、旅行安全、生病康復、人生的轉折點為主，特別以飲食業、住宿和旅行業的生意興榮為主，特別是開業、就職、轉職、進學等為著名。

在神在祭期間將會舉辦限量的「神在籤」，神在籤是由八百萬神透過万九千神社的宮司幫您祈福心願達成並且預測明年的吉兆運勢占卜。除了告知整年度個人運勢，還有建議的方位、重要月份、幸運顏色與年度漢字提醒等資訊。

我們在八百萬神來到万九千神社的隔天來到這裡參拜，看到還有限量的神在籤，我們先到販賣御守的賣店繳費，拿到各自一份的神在籤，並且在籤紙上面寫上自己的名字，隨後我們掛上了「淨掛」，穿越日本最小級的殿內鳥居進到了万九千神社神殿。由宮司幫我們做了介紹，並且依序前往神殿前參拜並且許願，隨後宮司請我們低下頭並且閉上眼睛，感謝自己今年一整年的順利並且為自己許下明年的心願。宮司將會透過八百萬神告知他的訊息，寫下我們每一位的明年運勢。在我們閉下雙眼到睜開前，只能用身體等其他的感官去感受，時而感受到一陣風在本殿裡搖晃，隨後一陣鳥鳴，突然一陣寧靜，時而風來了，時而寧靜了。每當宮司念完敲完一下，很神奇地感受到神殿很熱鬧的傳達著訊息，不知道是否沒穿外套，向來怕冷的我，在這裏感受到寒意，全身全靈不自覺地顫抖著。過了許久，宮司請我們睜開眼，念著我們的名字，請我們前往領取自己的神在籤。宮司祝福著參與者一切平安順利，並且倒神酒請我們喝，告知我們還可以

領取万九千神社的御神酒（梅酒）與挑選一個喜歡的御守。打開了「神在籤」，感謝眾神們給了我幸福的一年，在神殿裡感受到八百萬神們環繞在身邊的感覺與切身祝福，真是非常特別的祈福與運勢占卜體驗。

佐太神社 新曆十一月二十日～十一月二十五日

依神社古文書所述伊邪那美生下火神致死葬於比婆山，三年後再遷葬至佐太神社，於社殿後方有「伊邪那美」諸神之母之陵墓。傳說伊邪納美忌日在舊曆十月份，諸神為了祭拜母親而聚集到出雲國，因此有了神在月之說。有別於出雲大社充滿愛與幸福的結緣祭，佐太神社則屬於安靜的御忌祭。舉行神在祭的期間，齋戒的生活，因此也稱為「御忌祭」，在神社境內不得喧鬧，一切樂器及喧鬧等發出聲響的行為也都謹慎克制。以往的記錄也是在舊曆十月十一日至二十五日舉辦連續十五日的神在祭，直到明治三十年左右，從舊曆改成新曆十一月舉辦。

佐太神社主祭神為「佐太大神」，是出生於當地的神社，為出雲國最尊貴的四大神其中之一，被認為與天孫降臨時負責領路的猿田昆古大神是同一神社。因此佐太大神又被稱為引導之神，主要為除災、招福、長壽、守護海陸交通安全和指引人生迷津。

每年九月二十四日、二十五日在佐太神社演出「佐陀神能」，一系列儀式性的淨化舞蹈。舞蹈的目的在淨化新的御座，好讓神明能安坐其上，神明才能持續發揮神力庇佑人世間。在御座舞儀式進行時，樂師們在舞台旁吟唱、笛聲、擊鼓，舞者伴隨著舞步淨化草蓆，獻給神明，其獨特的佐陀神能被視為出雲神樂的原型，目前被列入聯合國文教組織的無形世界民俗文化財。

黃泉比良坂

創造國土的創造之神「伊邪那美」與「伊邪那岐」為夫妻神，伊邪那美先後生下八個健康的孩子，後來子女都變成了日本的國土。生完國土後又生育了房屋神、河神、海神、農業神、風神、原野神、山神、船神、火神等，但是伊邪那美在生育火神的時候，被灼傷了陰部，不久便離開這個世界到黃泉國。

伊邪那岐隨後追到黃泉國，伊邪那岐對女神說：「我們共同創造的國土尚未完成，無論如何請隨我回到人間吧」。誰知伊邪那美已經吃了黃泉的食物，因此無法返回。在跟黃泉國的眾神商量時，等待的男神卻往黃泉偷看，發現女神全身爬滿了蛆，在身體各部位坐著雷神。男神嚇跑後，女神派了眾鬼追往，最後男神在比良坂山坡下的桃樹上摘下三個桃子擲去，沒想到魔軍見了桃子後，四散而逃並且消失了。自此凡間流傳著桃木可避邪的說法。女神見追殺失敗後便親自追來。男神這時推來一塊大石頭，擋在比良坂的路中，女神生氣地喊著：「既然如此，我將每天殺死一千名你的國人」，男神說道：「我就每天建一千五百個產房，每天誕生一千五百個嬰兒」。因為這個緣故，每天都有一千人死去，每天又有一千五百人誕生。

這就是日本古事記最重要的創造國土的夫妻神訣別場景黃泉的入口。我們在這裡遇到很熱情的老人家擔任駐點導覽志工，熱情的跟我們介紹，並且陪伴我們稍走一段路，還很熱情地邀請我們拍照，說要PO上粉絲頁，看著老阿公身體健朗有活力還會上網真是佩服。在這裡還看到一個非常特別的「天國郵箱」，可以把你的思念寫成信並且投到天國信箱，一年一次會幫你把思念傳達至天際。

出雲之國良緣聖地

八重垣神社 - 出雲國緣結大親神

素戔嗚尊從高天原降落於出雲國斐之川，遇到名為角摩乳與手摩乳的老夫婦與女兒稻田姬命，三人執手相泣。素盞嗚尊聽了哭泣的理由後，毫無膽怯的模樣，對老翁說道：「別怕，讓我來治服這個怪物。不過，你能把你的女兒嫁給我嗎？」老翁答道：「若能懲治了那個怪物，一定把小女隨侍您的身旁。」於是素戔嗚尊便吩咐稻田姬命釀酒，反覆釀造八次才釀好的烈酒，即便是八歧大蛇，也抵不住酒力，一會兒便醉了。並且於佐久佐女之森當即將稻田姬命隱身變成一把小而多齒的梳子，插在自己的髮間，隨後拔出腰間佩帶的十拳劍，將八歧大蛇的八個腦袋一一割去，砍到尾巴時，一把「天叢雲劍」呈獻在眼前，後來將它獻給了天照大御神，也是三件神器中的其中一件。懲治了八歧大蛇後，得到老夫妻同意後，便與稻田姬命成婚，在出雲之國連結後成為緣結大親神，並且成為八重垣神社的兩柱主祭神，守護著人世間緣結的幸福道路。如此厲害的釀酒技術，因此稻田姬命也可以說是日本第一位釀酒達人，島根也成為日本釀酒的起源地。

位於八重垣神社的後方即是奧之院佐久佐女之森，是素戔嗚尊擊退八歧大蛇時，稻田姬命隱身之處。這裏有兩顆御神木稱為夫妻杉，象徵夫妻永遠的愛。在旁邊的鏡之池，也是稻田姬命隱身避難時喝的飲用水，稻田姬命的身影倒映在池面時，稻田姬命的靈魂滲透於鏡之池。池的後方鎮座著「天鏡神社」祭祀著稻田姬命。並且成為非常著名的「鏡之池緣結占卜」。

如果要體驗鏡之池緣結占卜，需參拜後，事先在御守專賣處，先以百圓購買並且領取占卜用紙，拿到一張透明的占卜用紙，需要把紙放在鏡之池水面上，並且在占卜用紙上放硬幣十元或者是百元硬幣。當紙碰上水後，就會浮現出占卜籤詩給你的啟示，每一個人都是不一樣的提示，這時候等待占卜用紙沈入水面下的時間，如果是十五分鐘內良緣很快就來，如果是超過三十分鐘後良緣可能還有點久才會到喔。看著旁邊日本小姐的占卜紙，硬幣已經破了一個洞往下沉，但是占卜紙還在水面上漂浮著，遲遲不肯沈下去。心裡非常緊張地放下占卜紙，紙遇到水後，寫著「目的達成 北和西吉方」，占卜紙漂浮著準備往下沉又不沉，看著旁邊的三位朋友們三分鐘左右後就往下沉，心裡更是緊張，一旁的朋友們說著：「快點告訴女神，你的願望。」閉著眼，把心底的願望訴說了一遍，睜開眼後，占卜紙已經沉入水面下了。

謝謝稻田姬命與素戔嗚尊的守護。春天萬物滋長，夏天即將來臨，一掃冬日的獨自成長，用生命復更生了大地，我會永遠陪伴著你~

玉作湯神社

玉作湯神社為守護製造「勾玉」的神社，勾玉為天皇降臨時，攜帶著三種神器中的其中一項，名為八尺瓊勾玉。神社境內最受歡迎為「祈願石」及製作自己獨一無二的「願望實現石御守」。主要祭祀三位主祭神為「櫛明玉命」，又被奉為製作玉石的祖先，為寶石與珠寶相關行業著名的參拜神社。另一位為「少彥名命」在神話中，協助幫助大國主命建國時，教導醫療與溫泉療法等醫藥知識，並且發現此處的溫泉。最後一位為「五十猛神」為產業和山林守護之神。來到神社入口處時，記得先到旁邊的事務所處購買「願望實現石御守」，之後走階梯參道進入神社區域，洗手參拜過後，打開紙袋中的小小許願石，前往神社內有一顆圓滾滾的能量石，先舀水淨化中許願石，再舀一勺水淋在許願石上，接著拿許願石碰觸能量石，讓大石傳遞加持小石能量。然後回到正殿前，在紙袋中的便籤上，清楚寫下自己的姓名、地址，以及希望祈求實現的願望，便籤還有複寫功能，副本投入神社前的木箱中，正本連同加持過的許願石放入錦囊中，就完成了專屬自已的「願望實現石御守」。

參拜過後，步行五分內的距離可以到「溫泉山清嚴寺」，幫地藏菩薩擦粉，可以保佑臉上覺得有痘痘雀斑等煩惱之處，誠心跟菩薩祈求變美變漂亮，同時用畫筆沾白粉塗那個部位。得到神明力量的加持後安心地回到玉造溫泉街上，西元七三三年編纂的出雲風土記裡曾有記載，玉造溫泉為日本最古老的溫泉之一。泉源具有美肌效果，就像化妝水具有保濕效果。因此溫泉街上有多間玉石店也有販賣使用當地溫泉水製作成的保養品。能變美變帥又能得到姻緣，玉造溫泉真是適合想要增強身心美的好地方。

須我神社

須我神社的主祭神為父神「素戔嗚尊」、母神「稻田姬命」、御子神「清之湯山主三名狹漏彥八島野命」共三柱神。退治八岐大蛇的素戔嗚尊，於出雲須賀之地打造宮殿，須我神社則為古事記所記載的須賀宮，成為日本初之宮。開土動工之時，有祥雲自地上升騰而起，見到八雲臨立為吉兆之徵，開心地吟唱起和歌，三十一文字組編成為

日本最古老的歌曲，須我神社也是和歌發祥起源地，據說這也是出雲國的由來。

參拜完之後，神職人員給了我們一張地圖標示著須我神社奧宮的位置，距離須我神社二公里處的奧宮，須我神社本殿與奧宮兩個地方一同參拜能增強結緣效果。可以在本殿社務所購買祈願礼，寫下心願之後，帶到奧宮去奉納結願。照著地圖指示我們來到位於御室山中腹，林立著巨岩又稱為夫婦岩。古代為須我神社的祭祀之處，現今作為須我神社奧之宮。前往夫婦岩參道前會看到純淨的湧水，為不老長壽效用的「神泉坂根水」，可以在這裡清淨後前往參拜，回程時裝山泉水回家飲用。據說山泉水具有解除病痛等益處，沒事多喝水，多喝水沒事。參道兩旁稱為文學碑之小徑」，山路兩旁佇立著歌碑句碑，沿途可以邊欣賞和歌，邊散步上山前往夫婦岩。這裡的主祭神和本殿一樣為一家三口組合而成的三柱神。為大中小三座盤座的巨岩，又稱為夫婦岩、家族岩、一家岩。來到山中央，吹著舒服的微風，感受著巨岩的能量，感受大自然萬物皆有靈，喜歡山林帶給我們一切舒服的感覺。

韓竈神社

如果你有懼高症、身材稍微肥滿者、還有穿高跟鞋上山者，來到韓竈神社參拜可能有

點困難，挑戰度稍高的神社但是參拜者卻不停的慕名而來。從停車場下車後，我們沿著溪流步行在林道上，走在山林裡，心漸漸安靜了。在鳥居入口處附近，能看到一塊大的平石稱為「岩船」，傳說素盞鳴尊從新羅回來時，就是搭乘岩船，並且從天而降於此地。來到了鳥居看著綿延不段的石階，還有旁邊貼心提供的愛心拐杖，喜歡走在山林裡的我不自覺很開心。

韓竈神社建立時間不詳。但在出雲國風土記及延喜式中都有記錄，以時間推算的話韓龕神社的歷史最少有一千三百年。韓竈為從朝鮮引進的釜之意，主祭神為素盞鳴尊，從新羅回來後傳授日本植林法和開拓鐵器文化。出雲地區出產很多鐵，位於斐伊川能看見灰黑的沙，那就是砂鐵，自古以來就是產銅山區並有許多製鐵遺跡，因此，主祭神素盞鳴尊被當成礦山之神來祭拜。穿越過鳥居之後，延綿不段的石階，走到稍微有點喘的時候，終於到了沒有路的底端，看到一對夫妻站在路口猶豫著找不到神社。我走過去看了看兩塊巨岩之間的通道約四十公分狹窄的入口，跟日本情侶還有身後的夥伴說，我先穿過去探路看看。象徵進入媽媽的產道一般，原來這裡正是知名祈求貴子的神社。穿越巨岩

之後，馬上就看到韓竈神社。爬了山上來，又穿越狹小的巨岩通道，參拜過後，我們爬上巨岩旁的平台，聽著風與洞穴中所形成的呢喃聲，彷彿所有的重擔都被釋放了，也許走入山林就是最好的療癒。

美保神社

抵達美保神社時，看到入口處寫著「美保神社本殿再建200年〜ご奉賛のお願い〜」。現在的本殿是西元一八〇〇年發生火災後，於一八一三年重建。二〇一三年本殿邁入二百年，長年老舊朽化與破損，為了繼續維持本殿與境內外的修復建設，祈求民眾奉獻捐款。進入神門後，在拍照時，突然聽到從風中傳來細微的清脆樂器聲響，走到拜殿參拜時，在寒冷的十一月卻感受到一股很舒服溫暖的風拂面而來。

美保神社是日本神話中很重要的神社，主要祭祀的是三穗津姬與事代主神。三穗津姬為高天原的高皇產靈神的女兒，也是大國主神的老婆。從高天原帶著稻穗降臨，將農耕技術教授給人間的女神。以保佑「五穀豐收、夫婦圓滿、安產、

子孫滿堂、歌舞音樂等技能」廣為信仰。

事代主神則是大國主神的長男神，手上拿著鯛魚的福德圓滿之神。事代主神在佛教傳入後也被稱為惠比壽。以「海上安全、漁獲豐收、商業繁榮、學業與歌舞音樂等技能」為守護神。美保神社也是全日本三三八五間惠比壽神社的總本宮。惠比壽神喜歡釣魚，因此也以漁業祖神廣為崇敬，在日本歷史記載，美保之地為日本最初釣魚之處。傳說事代主神很喜歡樂器，所以自古以來很多信徒都會奉納樂器給美保神社，其中八百四十六件被認定為國家的重要民俗文化財，至今收藏得樂器和歌舞音曲無法計算。

美保神社本殿特徵為兩殿連結在一起的大社造，全國也只有美保神社是如此所以另稱作「美保造」和「比翼大社造」。面向本殿的右側祭祀三穗津姬，位於左側則是祭祀事代主神。也可以從屋頂上交叉突出的兩塊長板稱為「千木」，看出供奉的是男神還是女神，將千木尖端切成水平狀的稱為內削，一般祭祀供奉著女神；將千木尖端切成垂直狀則稱為外削，一般祭祀供奉著男神。此外每天早上八點半和下午三點半，都會舉行「朝御饌祭・夕御饌祭」，

為供奉早餐與晚膳的儀式。

走向授予所賣店買御守時，想起在入口處寫著奉納的字。我們四位朋友就一同在當天各自捐俸，只要捐俸日幣五千日圓以上就會額外贈送 18K 金打造的金色鯛魚當作紀念品。如果捐俸五萬日圓以上，除了贈送金色鯛還會在境內填寫上您的大名以茲感謝。

聽當地人告訴我們說，美保神社象徵七福神中的惠比壽福神，加上出雲大社和稱為「出雲的惠比壽大國」，兩個神社一定要一起參拜，才會達到神力加倍，加倍圓滿喔。

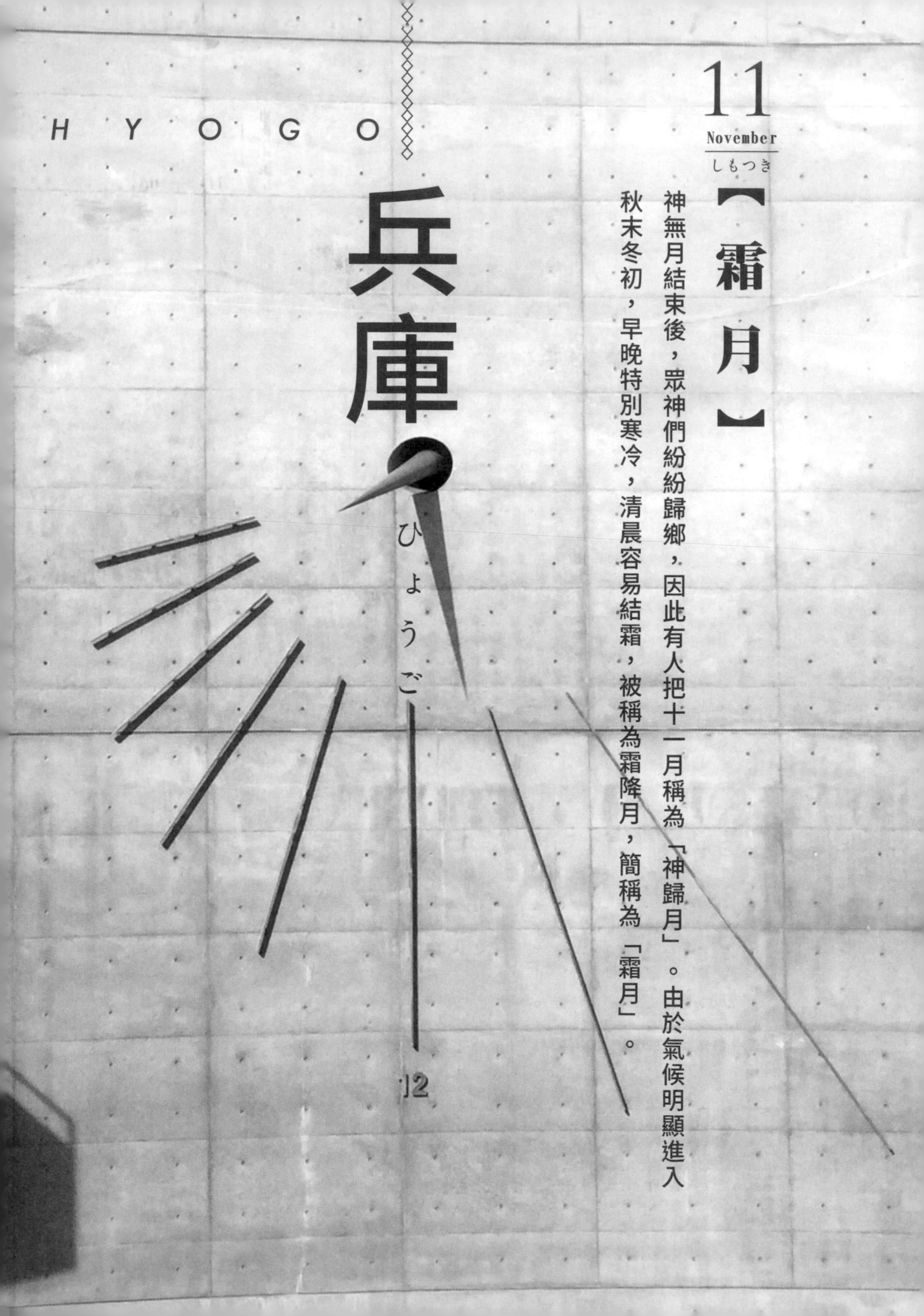

HYOGO

兵庫

ひょうご

11

November

しもつき

【霜月】

神無月結束後，眾神們紛紛歸鄉，因此有人把十一月稱為「神歸月」。由於氣候明顯進入秋末冬初，早晚特別寒冷，清晨容易結霜，被稱為霜降月，簡稱為「霜月」。

秋臨紅葉 神話誕生之地

秋臨 紅葉之秋，
陰與陽 夫妻神完美地融合，
日月輝映 佇立於滄茫雲海，
天地起源國土誕生，以大地之母的溫和，
詮釋出世間萬物彼此和諧統一。

淡路島

在日本國土的創世神話《古事記》中記載，兵庫的淡路島是日本列島中第一個誕生的島嶼。行經過世界上跨距最大的明石海峽大橋，前往國土起源之島「淡路島」。「淡路」的地名由來為，取自於日文的「你」和「我」的結緣之「道」。あなた（あ）とわたし（わ）を結ぶ道（じ）。

天地起源神話中，男神伊邪那岐和女神伊邪那美為夫妻神，因奉命建造國土而降臨在淤能碁呂島，先是建造天之御柱，然後蓋起雄偉的八尋殿，婚後兩位夫妻神用聖矛攪動大海，滴下的海水凝聚成一座座島嶼，此後有更多島嶼誕生，一共產下了十四座大小島嶼，形成完整的日本列島，傳說日本最早誕生的島嶼為兵庫縣「淡路島」。

在上古時代，包括淡路島在內的瀨戶內海沿岸居民，都被稱為海人，從海外接受金屬器文化，推動日本走進新的歷史階段，透過製作海鹽和優秀航海技術，支撐了近畿地區王朝的繁榮及首都經濟生活。作為瀨戶內海域最大島嶼淡路島，至今還留存著支撐古代國家形成過程中，悠久的歷史和獨特文化。

然而在八〇年代末期經濟泡沫化，決定犧牲淡路島來填海打造關西機場，在淡路島附近挖空了約七百倍東京巨蛋大小的土石，樹木被砍伐，土石被挖盡，淡路島被遺忘了。宛如天地哀嚎在一九九五年遭逢七級阪神大地震，震央就在淡路島上，世人才驚醒「國土受傷了，該如何讓淡路島重生？」

夢舞台

位於淡路島上的夢舞台，即是當年用來挖土填海的主要基地。建築師安藤忠雄主動向政府提案，在震央淡路島打造淡路夢舞台，在受傷的大地廢墟上，重新燃起了人們的夢想。建築師安藤忠雄一九四一年出生於大阪，在周游了世界各國後開始自學建築，一九六九年創立安藤忠雄建築研究所。他主張與環境相融合的新建築方式。透過光與影的變化，結合風、水、空氣為建築表達，追求永恆與精神表達，因此成就了建築的永恆。他要讓夢舞台有好多可以留傳的夢。前五年建築團隊只在淡路島上種樹，並且只是等待著，等待樹苗長大，等待重新回歸自然，直到第六年開始動工，並且準時地在三年內完工。

西元二〇〇〇年淡路島國際花卉博覽會以「人與自然的對話」為主題轟動開幕。用花與樹木撫慰受過創傷的大地，用永續經營和繁榮在地來經營。屋頂上則是百萬扇貝鋪成的貝之濱，扇貝象徵海洋為日本的起源，海中的食材滋養了日本人。為了喚起阪神大地震災後的凝聚力，安藤忠雄建築研究所向日本全國民眾募集百萬扇貝，瞬間得到民眾熱烈的支持，順利的鋪設在淡路夢舞台的水瀑平台上，象徵全國民眾對淡路島的集氣與祝福。並且在斷層線上與建了名為百段苑的花圃，象徵為了紀念淡路島上於地震中過世的亡靈，花圃旁邊留著水路，象徵著受難的土地湧出生生不息的流水。

安藤忠雄於 WESTIN Hotel Awaji 以花朵、森林、海洋共生為主題打造，並且建立了「海之教會」走進教堂內，將天花板割畫十字，讓自然天光凸顯十字架，讓十字架的光影從天花板降臨，散發著令人讚嘆的神聖氛圍。

真言宗本福寺水御堂

創立於平安時代後期的真言宗御室派寺院。由建築師安藤忠雄設計監修，寺院的正殿位於橢圓形的鋼筋混凝土蓮池下，結構獨特，不同於一般宗教建築向上發展、強調巨大屋頂的模式，水御堂是座建在蓮花池底下的佛寺，以一座狹長的樓梯切入，引導人們前往地下層的殿堂。安藤忠雄巧妙的以蓮花、水池隱喻開悟與極樂淨土，在自然中生命得以孕育，在水中心靈得以安息。不論是西方或東方的宗教，水元素一直扮演著淨化與生命源泉，特別是在宗教儀式過程中，不論是用水來淨身、沐浴，亦或是洗手、浸沒等動作，都有宗教上的象徵意義。從水池順著階梯走入蓮花池，象徵著潔淨，光線漸弱，彷彿回到了母胎般，心也靜了。殿堂四周表面漆上朱漆，夕陽西下時，紅色光暈染紅御堂，宛如進入蓮花的中心，宛如來到彼世，回到生的原點。參拜後，跟隨連接天空的階梯，從蓮花池中返回，然而新生。

在淡路島上「真言宗水御堂」與夢舞台「海之教堂」，都是將建築空間置於水面下，來呈現代表東、西方的宗教空間。宇宙之水，化成雨水，洗淨了大地塵土，金黃太陽光藉著聖域，傳送給我們溫暖與希望，宇宙之水，化成淚水，用懺悔洗淨我們的心，讓我們再次記得愛與希望，柔軟且靜默的將所有一切事物回歸至平衡的力量。

伊弉諾神宮

是日本最古老的神社，不僅在古事記及日本書紀中有記載，也是天神在日本神話裡，創建國土後，把國家交給孩子天照大御神管理，回歸到最初生下的島嶼淡路島多賀之地，蓋下幽宮並且在此地度過餘生。伊邪那岐神宮是日本唯一供奉日本創祀起源夫婦的神宮，是著名求姻緣的神宮，並且以夫妻圓滿、求子與安產順利的靈驗神宮。神宮內有樹齡九百多歲的大楠被稱為夫妻樹，來到這裡記得觸摸大楠樹感受大樹的能量。

在這裡非常特別的是設置了頭髮感謝「毛根紀念碑」，在日文裡「髮」和「神」的唸法都是「かみ KAMI」。從太古時期頭髮即是生命的象徵，也作為靈魂居宿神聖化的象徵。好好整理自己的頭髮，也是好好整頓自己的靈魂一種。十月二十日在神宮裡舉辦頭髮感謝祭。

在神宮裡可以很特別的一區，設置了東西南北方位圖。是以神宮為中心的太陽運行圖，這座古老的神宮之所以厲害是因為精心與太陽運行方向。每年春分跟秋分日出與日落時分，太陽光通過北緯３４度２７分２３秒的緯度線，從伊勢神宮（三重縣伊勢市）日出，通過伊弉諾神宮，至対馬海神神社方角（長崎縣対馬市）日落；夏至則為諏訪大社（長野縣諏訪市）日出，通過伊弉諾神宮，至出雲大社方角（島根縣出雲市）日落；冬至則為熊野那智大社（和

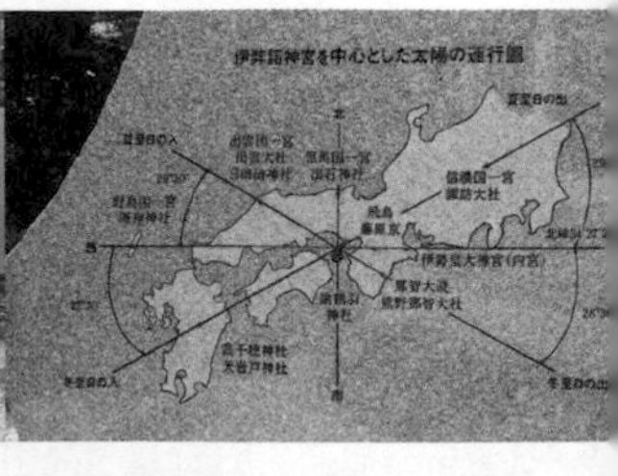

歌山縣那智勝浦町）日出，通過伊弉諾神宮，至高千穗神社、天岩戸神社方角（宮崎縣高千穗町）日落。看著太陽運行圖的陽道下，毫無之差下建照神宮方位，運用太陽之光連結著日本眾神們。

每月二十二日舉辦夜間特別參拜體驗，拜殿和正門、大鳥居、夫婦大楠等，會打燈照明、在參道上會點上三百個蠟燭，特別參拜祈願加上創生國土夜神樂之舞，大約九十分鐘，需另收參加費。近年作為關西地區屈指可數的開運神話聖地受到大家矚目。

沼島 - 上立神岩

位於淡路島南邊約五公里的小島。從南淡路市的土生港搭船約十分鐘可抵達沼島。島上有著各種奇形怪狀的岩礁，全島也被認為是最符合「自凝島」御神體之日本創世聖地。小島東端有名為上立神岩的巨石，高約三十公尺。此岩石被視為神話故事中的天御柱，二神結婚於此，也是日本國土誕生前重要的立基點。由於岩石中央成形心形凹陷，據說這個心形岩守護戀情的力量更為強大，因此也被稱為夫妻圓滿、戀情成就的能量象徵。

姬路散策

書寫山圓教寺

位於姬路市西部座落在書寫山的書寫山圓教寺，歷史悠遠自古被認為聖山而守護著。我們搭乘纜車上山後，漫步在連綿一公里長的山麓中，小徑兩旁佇立著西國三十三所觀音的雕像，沿途一尊一尊佛像慢慢參拜上山，就不會感受到坡度所帶來的疲累感，如果一口氣直衝仁王門，將會感受到山坡真的挺陡的，很容易氣喘吁吁。通過仁王門後沿途邊拍著楓葉漫步走向「摩尼殿」，摩尼於梵語是如意之意，御本尊為六臂如意輪觀世音菩薩。它是天台宗古剎並由性空上人於九六六年開創的，在創建前，上人於櫻樹的樹根雕刻觀音像，因此於岩山的中間部分建蓋摩尼殿。經過漫長的歲月仍然安然處身於大自然中，更突顯獨有的寧靜莊嚴，吸引大量信眾前來參拜。

沿著林道散步抵達大講堂為圓教寺的本堂，作為修行與傳道授業之場所，內部安置釋迦三尊佛像（中央為釋迦如来、右邊為文殊菩薩、左邊為普賢菩薩）。食堂創建於承安四年（西元一一七四年），原本作為修行僧住宿和用餐之處，現在一樓為寫經道場，二樓展出寺廟的

寶物。常行堂內部安置御本尊丈六阿彌陀如來坐像。大禮堂與食堂和常行堂並列成「コ」字型，形成稱為三之堂。

沿著步道再往後走至奧之院（護法堂、護法堂前殿、開山堂）。開山堂裡主要為祭祀性空上人，也是圓教寺奧之院的核心，裡面有象徵書寫山一千年歷史不滅之燈。現在的建物為江戶初期所蓋，特別之處在於建物上方，在開山堂四角處，都雕刻著力士協助荷重，據說在西北角處其中一尊力士，因為無法忍受重量而逃跑的傳說。日本天台宗的始祖為最澄，開創了比叡山道場，在日本被稱為「傳教大師」。書寫山圓教寺、比叡山、大山合稱為日本天台宗三大道場。最澄認為佛性並非僅限於特地人士，一切眾生皆有佛性，所以要大家努力修行，認真生活，致力於行善，日後必能成佛。並且鼓勵世人「照千一隅」，用道心照亮自己所在的每一個角落。

每年四月至六月期間，圓教寺摩尼殿的如意輪觀音像、四大天王像以及書寫山緣起繪卷均會開放參觀。這裡也是知名電影《末代武士》外景拍攝地，是好萊塢史上第一部以「武士道精神」為主題，所拍攝而成的電影，因此吸引不少外國觀光客慕名而來。

日本庭園好古園、國寶姬路城

好古園是為了紀念姬路實行市政百年，借鏡世界文化遺產兼國寶為背景的姬路城而建造。於一九九二年開放，約佔地一萬坪，擁有大小共九個庭園，屬於池泉回遊式的日式庭園，每個庭園都各自有不同的特色。御屋敷之庭可以看到走廊下方隨著小溪流擺動的垂枝紅葉。夏木之庭則有紅葉隧道可欣賞。在好古園內的餐廳活水軒能欣賞和風庭園造景，不需昂貴的價格就可以有美麗的庭院風景來搭配美　。雖然好古園比不上那些古老式庭園的景致與歷史性，但也不失一座環境悠靜的庭院花園，特別是在秋風時期，庭園景緻挺有一番意境。在賞楓期間，夜間特別開放，在燈光照射下，展現出不同的唯美感。

姬路城是赤松貞範在日本南北朝時期一三四六年建蓋一開始還只是個小山城。之後豐臣秀吉選定姬路城為統治播磨地區的中心據點，下令建造三層式的天守閣。現在的姬路城是由德川家康的女婿，

別稱為西國将軍的池田輝政在日本慶長五年（一六〇一年）歷時八年，總共動員四千萬大興土木，修築成宏偉的規模。日本元和元年（一六一五年），德川幕府發布一國一城令，規定每個大名只能有一座居城，無論建蓋城堡或是修改都必須經過德川幕府的許可，因此自姬路城之後，除了江戶城及名古屋城等德川氏的城堡以外就沒有建蓋新的城堡。

姬路城建築特色形態優美，被比喻爲展翅欲飛的白鷺，因此也稱為白鷺城。天守閣從外看爲五層、內部有六層，還有一層在地下，整個建築特色使用日本特有的塗壁材料「白灰漿」進行封塗，具備防火和美觀功能。姬路城結構堅固宏大，外觀線條清晰，而且還有複雜巧妙的防禦構造，完美結合了高超的要塞功能與精湛的外觀設計，兼具軍事防禦和柔美典雅的建築藝術，奇蹟般地融為一體。

在第二次世界大戰期間，白色的姬路城也理所當然成為轟炸的目標。為了防止美軍轟炸，使用黑色網蓋住主要的建築物，戰後結束後，周圍遭到盟軍猛烈的轟炸，但神奇的是姬路城本身沒有受到損傷。姬路城在四百多年的歷史中，經歷了幕府末期戰亂、廢城令、二戰時的轟炸，每一次都化險為夷，因此姬路城又被稱為「不戰之城」。姬路城、熊本城及松本城同稱日本三大名城，姬路城也和松山城、和歌山城合稱日本三大連立式平山城。因為內城部分幾乎完全保留了當時築城時的風貌，因此也被稱為「日本第一名城」。一九三一年被指定爲國寶，一九九三年被列爲聯合國教科文組織的世界文化遺產。

姬路十七八

來到了昭和七年創業老舖關東煮專賣店，有各式各樣的關東煮食材，以平實的價錢，品嘗到優質食材與美味湯頭。店裡頭空間很小，最多只能坐十二位客人，一坐下來後，老闆娘會詢問要喝什麼？之後再陸續比手畫腳指著關東煮點菜，老闆娘很有趣，宛如日劇場景，下班來此喝一杯，天冷來碗暖呼呼的熱湯與滿滿地人情味，微醺放鬆後再回家。

おでん
十七八

篠山市

古稱「丹波國」的篠山市，完整保留四百年前的街道模樣，整座城市就是日本遺產，彷彿踏入時空穿越之旅。自古以篠山城為中心，發展出繁榮的城下町。街道仍然保留著武家屋敷，並且留下具有歷史代表性的舊時城池的風貌。

宇土観音弘誓寺

走在篠山地區的鄉間小路，從遠遠處就能看到高聳耀眼的金黃色銀杏樹，順著小徑前往「宇土観音弘誓寺」參拜。距今約一三六〇年前，孝德天皇白雉年間（六五〇至六五四年）由法道仙人草創的古刹，最初稱為天地山極樂寺。御本尊由仙人親手打造奉造佛像時，為表示其虔敬，每刻一刀禮佛三次，稱為一刀三禮，佛像為面貌圓滿、威德殊勝的聖観世音菩薩。當時槇之峰一帶林立著數多僧坊，被稱作為「槇之峰千軒坊」，為佛法繁盛之靈地。但是

壽永三年（一一八四年）源平之亂時，源氏的大將軍源義經討伐平氏時，來到槇之峰千軒坊遇到平氏埋伏的兵隊，因此於夜間放火。一系之間山林被大火燒盡，御本尊掉落瀑布水底，因此逃過一劫。之後村落的人因為得到觀世音菩薩的托夢，從瀑布底下找尋回佛像。之後安座於極樂寺。文明五年（一四七三年）玉山良石禪師來到此處，宣傳佛法並且開山再建伽藍寶地，並且改名為清瀧山弘誓寺。為知名的御本尊宇土観世音菩薩之觀音靈場。

順著參道階梯往上走，看著一顆超越山門的金黃色銀杏樹獨自矗立著，看著筱山城鎮興盛與歲月流逝，不畏風吹雨打、不畏天搖地動，依舊佇立天地運行中，向著天空生長，把自己刻入年輪，隨著歲月成為撐起一片天的大樹。好想依偎在樹幹旁，傾聽他述唱的丹波篠山民謠，分享他對於故鄉歷史的記憶，歌詞從篠山城跡開始，篠山人文等故事，經由美妙的民謠歌聲，歷史記憶與傳統文化也因此傳承下來。

牡丹鍋

當地的鄉土料理「牡丹鍋」，聞名全國。每年十一月十五日為野豬狩獵的解禁日，新鮮山豬肉肉片排成牧丹花狀，加上大量美味蔬菜，立刻一躍成為人氣美食。靜岡的天城山、岐阜的郡山及兵庫的丹波篠山，被譽為牡丹鍋三大賞味地。位於篠山地區，有一間擁有四百年歷史的料亭旅館「近又」，據說是牡丹鍋的發源地。近又的牡丹鍋，高湯中加入的是自家製祕傳味噌，切成稍帶厚度的豬肉片，咬起來緊實鮮美，且含有豐富的膠原蛋白，與味噌的濃郁度十分搭配，多樣又大量的蔬菜，在白湯中煮至柔軟甘甜，同樣符合飲　的健康標準。最後，在鍋底高湯倒入蛋汁，煮成吸飽菁華的半熟蛋，放在熱騰騰白飯上做成誘人的牡丹丼，即使肚子再飽，都能讓人忍不住大口吃完。

篠山城下町旅館 NIPPONIA

日本旅宿品牌 NIPPONIA，致力於活化古老城鎮的傳統建築，串連在地的歷史建築，重新賦予老屋文

化價值，不僅保護了地方傳統之美，也讓旅遊為地方帶來更多的人氣與商機。透過改建百年以上的古民家，成為嶄新概念型態的風格旅館。

NIPPONIA 將散布於篠山市內的古民宅整修為住宿設施，歷史傳統建築加上現代設計，不僅讓人認識到當時的日本建築魅力，從明治時代到昭和時代的建築，老屋即使歷經歲月，也能擁有獨特之美。

抵達 ONAE 棟來辦理 CHECK-IN 手續，聽著服務人員為我們介紹 NIPPONIA 的願景與小鎮之間的共生關係。ONAE 棟建於一百六十年前，曾經是一位銀行家經營者的住所，完整保留了當時的建築本體，從廚房到日常生活起居的主屋改建為餐廳。這裡有可以眺望庭園風景的房間，甚至銀行家收藏貴重物品的防火倉庫，也被改建成為極具特色的高質感房型。其他客房空間則分散在其他棟古民宅裡，每一棟建築各有特色，保留原汁原味的古老生活氛圍，讓旅人彷彿穿越時空回到當時人們生活的樣貌，卻可以在舒適的空間裡細細品味建築工藝與現代化結合所形成的巧思。透過於移動在各個建築時，藉此認識小鎮的不同特色與文化，能夠讓曾被遺忘的鄉鎮地區再次被看見，也能讓旅人體驗到更深度的在地文化。整個概念就像『讓小鎮成為旅館』。

晚餐特別的是在和式建築提供法式料理，在料理方面由石井之悠大廚精心烹調製作，篠山地區自古以來就被稱為食物的寶庫，嚴選當地食材丹波篠山牛、丹波黑大豆、丹波栗子、丹波松茸等在地食材，並且利用法國料理的手法，發揮當地食材獨特風味。

有馬溫泉

擁有一千四百年歷史的「有馬溫泉」，相傳日本神祇「大已貴命」和「少彥名命」二位神祇造訪此泉時，看到三隻受傷的烏鴉站在水池中浴身，三天後竟不藥而癒，有馬溫泉的療癒效果就此流傳下來。日本書紀曾記載，西元六三一年舒明天皇曾多次來此，因此聲名大噪，有天皇御湯的美名。八世紀時，僧侶「行基」在此建立了溫泉寺，並且建設了多項基礎設施，帶動了本地的發展；但在十一世紀末，遭洪水破壞而沒落，直到一一九一年，僧侶「仁西」重新開闢溫泉而恢復繁榮。戰國時代期間遭到戰爭破壞，直到豐臣秀吉統一天下之後，豐臣秀吉與寧寧夫人經常來泡湯休養，並進行大規模的整修與持續推動有馬的發展。為了紀念豐臣秀吉對於當地的功

勞，在有馬溫泉有秀吉與寧寧夫人的雕像，就連最熱鬧的溫泉街，也被命名為太閤通。因此「行基、仁西、秀吉」被稱為有馬三恩人。

江戶時代有馬成為江戶幕府的直轄領地，也因為位於姬路至京都的交通道路上而持續繁榮。在當時的溫泉排名中，有馬溫泉被列為關西第一名泉，關東則是草津溫泉。江戶時代著名儒家學者林羅山說：「全國溫泉當中以草津、有馬與下呂為天下三大名湯。」地理位置位於兵庫縣鄰近神戶市區，自古受皇族、貴族、知識份子們所愛戴，被譽為日本最古老的溫泉。由於泉水優質，分別被稱為金泉和銀泉。

「金湯」：含鐵、鈉、氯化物的強鹽高溫泉，泉水中的鐵質接觸空氣後，變成紅褐色泉水。有保濕、保溫、殺菌效果，對冷性體質、腰痛、筋、關節痛並且能改善四肢冰冷。

「銀湯」：無色、無味的碳酸泉，當身體接觸泉水時，會有小氣泡附著在肌膚周圍，助於促進微血管擴張、血液循環。根據日本環境省指定的九種療養泉成分中，有馬溫泉就含有七種，是世界罕見的多成分溫泉。因此為全日本唯一擁有三大古湯、三大藥湯、三大名湯美名的溫泉。

位於有馬溫泉中心的紅色橋樑，稱為寧寧橋，醒目的紅色橋樑有一顆楓樹，楓紅時與橋樑相映襯，在橋旁為豐臣秀吉夫人寧寧的雕像，可是紅葉美人拍照景點之一。溫泉街上最著名的賞櫻花與賞楓葉名所「善

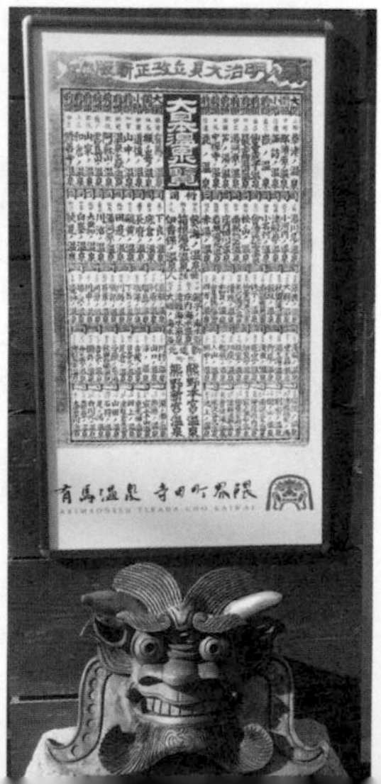

福寺」，西元七二七年奈良時代由行基僧侶所開創，仁西僧侶再興，現在為曹洞宗所屬的佛教寺院。到了秋季，寺廟被一片紅葉圍繞，從一九五〇年開始每年十一月二日楓紅時期，在寺內進行有馬大茶會的獻茶儀式。為了感謝豐臣秀吉協助有馬溫泉設施建設因而舉辦的茶會。春天來到這裡也很浪漫，寺內有一顆樹齡超過二百七十年的枝垂櫻，被稱為絲櫻，獲指定為神戶市民之木。每年四月舉辦「夜櫻茶會」，可以一邊賞花、一邊品嘗茶品。

瑞寶寺公園位於明治初期（一八三七年）廢寺的瑞寶寺遺跡上，於一九五一年改建為公園，是兵庫縣具代表性與歷史性的賞楓名所，在園區有約二千五百顆楓樹，因豐臣秀吉曾讚賞這裡的庭園終日百看不厭，因而有「終日庭」的別稱。園區內有豐臣秀吉愛用的石造棋盤遺跡，還有京都伏見城移築過來的山門。每年十一月二

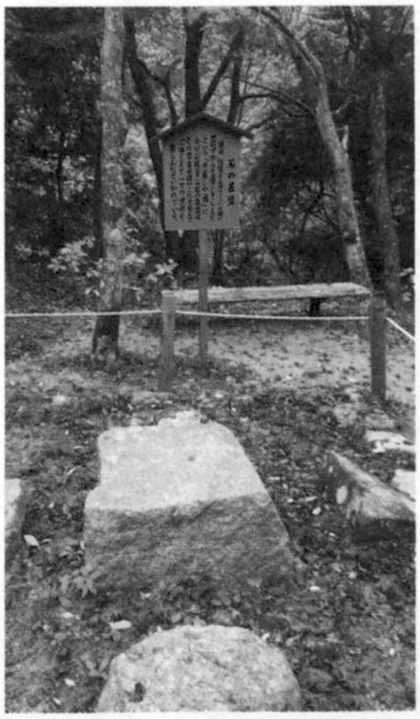

日、三日在這裡舉辦大盛大茶會，因此這個時期來到瑞寶寺公園，可以感受到熱鬧紛紛的有馬大茶會。

神戶市立森林植物園

於神戶市的六甲山上，於一九四〇年開設，總面積達一四二公頃。以六甲山的森林自然資源，並且種植著日本具有代表性的樹木以及來自世界各地的樹木約一千二百種。植物園設有常綠闊葉林區、日本針葉林區、北日本區、亞洲區、歐洲區、北美區、櫻花園、繡球園、野鳥森林等多個分區。秋天時，色彩由綠轉黃開始染上秋色，能欣賞到日本槭樹、野漆樹、水杉樹等三十八種約三千株紅葉，以美麗的中央池塘為特點，彷佛來到了莫內的畫作中「日本橋與睡蓮池」，只是少了綠色與彩色氣氛，變成了楓葉系色調。在闊廣的森林公園內感受到獨特的賞楓體驗。

YAMAGATA
山形
やまがた
12
December
しわす
【師走】
年末將近新年期間，日本人有祭祖先習俗，和尚稱為「師」，便會前往家家戶戶誦經，
忙碌地東奔西走，因此稱為「師走」。

山岳信仰聖地 出羽三山

出羽三山
自古蘊含著自然與信仰之心
靈氣籠罩著聖山
羽黑山、月山、湯殿山
向三嶽眾神獻上虔誠的祈禱
追溯生死輪回的《重生之旅》

現世 羽黑山 重生之源 Mt.Haguro 414m

觀世音菩薩（現世利益之佛）＝補陀落淨土＝現世

伊氐波神（出羽的土地神）・稻倉魂命（穀物神）

羽黑山被稱為塵世之山，相傳開山鼻祖蜂子皇子，在此供奉了拯救芸芸眾生的觀世音菩薩。由於在出羽三山中的羽黑山地理位置最近，方便就近對世間眾生施以佛恩，被稱為「現世恩惠」。

過去 月山 黃泉淨土 Mt.Gassan 1984m

阿彌陀如來佛（往世的救濟佛）＝極樂淨土＝過去

月讀命（掌管夜晚及水之神・穀物神）

開山時間：七月一日~九月十五日

世界稀有的半圓形楯狀火山，月山山頂供奉

月山神社，祭祀著月讀命。掌管彼世冥界的神靈，被稱為「前世象徵」。位於八合目的彌陀原，濕地中遍開高山植物，感受到生命的信仰中心，自然會永恆循環。每年八月十三日會點燃篝火，舉行迎祖先聖靈的柴燈祭儀式。參拜者在此向日本神話中，稱為夜之神的月讀命祈求得到月神的療癒力量與祝福。

湯殿山 覺醒甦生 Mt.Yudono 1504m

大日如來佛（永生的象徵）＝密嚴淨土＝未來

大山祇命（山神）・大己貴命（建國神）・少彥名命（醫藥神）

開山時間：四月下旬～十一月上旬

為與俗世隔絕的聖地，進入靈地後，需光腳走在混有泥土與砂石的參拜道路上，直接感受山林大地的能量。象徵著大自然創造力也是孕育萬物的山神，沐浴在神山湧出的溫泉水，紅色巨石代表新生誕生，被稱為「來世之山」。參拜者祈求在山中獲得重生，遇見嶄新的自己。

出羽三山是指聳立在山形縣中央的羽黑山、月山、湯殿山總稱。月山是主峰，連接著羽黑山和湯殿山形成三嶽。在三座靈峰之中，象徵著祈求現世安穩的羽黑山，也是離塵世最近的山，是唯一在冬天也能參拜的靈山，恭奉著三座山神，因此將三山合併祭殿成「出羽三山神社」。

靠近羽黑地區入口處，首先看見的是佇立著約二十三尺巨大羽黑山大鳥居，抵達隨神門就進入出羽三山神域，神域穿越月山至湯殿山。從隋神門到山頂的參拜道由二四四六級石階，參道兩旁種植五八五株巨木，樹齡將近約三百五十歲的杉樹，杉木遮天蔽日，一路延伸到山頂，約一點七公里。在夏季時就已經是一道漫長的上上下下的杉樹參道，走至山頂大約需要一小時左右。在雪季時大雪已經掩蓋了道路，彷佛滑雪道步行在森林裡，因為在雪地健走，需要花費更長的時間。

從隨神門沿著繼子坂下坡，沿途有許多與日本神話有關的神社，隨後經過一座紅橋，就能看到祓川和須賀之瀑布，從前前來出羽三山參拜者都會在祓川淨身。

前往五重塔前能看到一顆特別的大樹，稱為「爺杉」挺拔佇立著，是羽黑山最大也是最古老的杉樹，樹齡估算約有一千年歷史。和爺爺打招呼後，前往五重塔，在雪白世界裡彷彿踏入異世界一般。

傳說五重塔最早是平安時代中期由平將門創建，大約在六百年前，庄內領主武藤政氏進行五重修復，是全國最具代表性的體現藝術之美的佛塔之一。羽黑山五重塔高二十九點四公尺，以素色木材建造、柿葺結構屋頂，以三間五層的優美姿態矗立著。羽黑山五重塔原本是供奉釋迦摩尼佛骨的佛舍利塔，主祭觀世音菩薩與軍荼利明王、妙見菩薩三尊菩薩。在明治時期神佛分離政策下，羽黑山成為神社、五重塔成為祭拜明治維新為國殉難者的招魂社，主祭大國主命。爺杉與五重塔在日月晨曦下，祝福著來往參拜的人們。

順著一之坂、二之坂、三之坂的陡峭坡道前行，據說如果找到石階上酒杯、葫

蘆等三十三個雕刻圖樣願望能實現。大雪覆蓋著石階，走在參拜道路上，更能心無旁騖地前行，只有在當下，只有杉木與一片雪白，世界只剩純粹的顏色，心更沈穩了。冬季正中午時前往，沿路上沒有遇到任何觀光客，雪白世界只有自己，雪輕如羽毛般的時而落下，森林裡時而傳來鳥鳴，加上在雪地裡匍匐前進心臟噗通噗通的響著，更能夠享受漫步在白雪中的寂靜之美。沿途上遇到的石登籠，就像森林中的小精靈帶著雪白聖誕帽指引道路。獨自一人走在巨大森林裡，樹木高大參天，人的存在如此渺小，走在自然裡，找回與自然本為一體的感受。白茫茫的森林，因為爬坡，呼吸的更用力了，心靈反而更寧靜了。

穿越羽黑山頂大鳥居後就抵達山頂，前往參拜祭祀出羽三山（羽黑山・月山・湯殿山）三位山神，稱為「三神合祭殿」。在一個神社中供奉複數神明的神社在日本可說是非常少見。會這樣做的原因是因為月山、湯殿山的開山時間較短，分別為七月至九月、四月至十一月。來到羽黑山則是全年都能夠參拜。

合祭殿完工於文政元年（一八一八年），建築高二十八公尺，採用高聳厚實二點一公尺的茅草屋頂木製結構。正面中央祭祀為月讀命、右側為伊氏波神（稻倉魂命）、左側為大山祇命，大己貴命，少彥名命。

飛鳥時代五九三年，第三十二代崇峻天皇的小孩蜂子皇子，因父親被暗殺，於是從丹後乘船北上，一路航行前往抵達鶴岡市由良海岸。此時飛出三隻腳的八咫鳥引導他前往羽黑山修行，他在山頂上感應到伊氐波神為出羽的土地神，於是羽黑山、月山、湯殿山相繼開山，這一天為丑年丑日，丑年即是兔年，成為三山的緣年。並且成為羽黑修驗道的重要聖地。

所謂修驗道是自然崇拜，根據日本固有的信仰，古神道投身於山林大自然中與佛教及密教一體化，自覺法華經的佛性，融合淨土教的往生思想，使用陰陽道的呪術，加上道教的神仙術，發揮除災招福、治病、延壽之靈力，成為日本獨特的山嶽信仰。從繩文時期以來人們便認為山就是神靈，是神靈附體的聖地，樹木的靈性就是生命的象徵，也是孕育新生命的靈地。修行者攀越山脈隱於靈山，清淨身心，成為山神的化身，祈求在山中獲得重生，遇見嶄新的自己。修行的目的是即身成佛，透過生身即可開悟，以山神賦予的靈力普渡眾生。

為什麼來到出羽，當您來到這裡，山會告訴您答案。

羽黑修驗道的奧義在於，羽黑山是祈願現世幸福之山，月山是祈求死後安樂與彼世之山，湯殿山則被看作祈願重生之山。世人透過三山獲得新的靈魂，從而得以重生。以現在、過去、未來的參拜巡禮三山，稱作為「重生之旅」在民間流傳開來。相信透過種種修行，得以體悟生命與宇宙的真理。與羽黑山山伏的修驗道文化，一同發展的素齋料理，是體現生命的飲食文化，至今仍不斷傳承著，可以提前預約品嘗素齋料理，透過飲食體驗精神文化。

羽黒山五重塔

大自然萬物本身就是神明，神明降臨在森林高聳的樹木上，神木上綁著注連繩，及是神明降臨的印記。在日本神社裡，動物是神的使者，例如稻荷神社的狐狸，天滿宮天神的神牛等等。都源自動物本身就是神明的概念。日本的神道本來就是自然崇拜的宗教信仰。一切眾生都是生命，所有生命死後都會甦生，到了彼世也會再回到現世，這也是自然的形態。也是日本神道教與佛教的共通觀念「草本國土悉皆成佛」。不只動植物，連山脈、森林、河川、海洋也和人類一樣，都具有一樣的靈魂與佛性。生命體的本質原本就是死亡與再生的循環，不斷地轉世與再生。

騎單車遊秋田

位於日本東北地區秋田縣騎自行車,
穿越一望無際的稻田,四季美味果園,
用雙腳雙輪體驗當地限定文化,
將秋田美好永恆地刻印進回憶。

課程介紹

單車旅行

自行車支援服務

國家圖書館出版品預行編目（CIP）資料

日本聖地之旅 ： 跟著達人玩不一樣的日本 / 廖小嬋著 .
-- 第一版 . -- 臺北市 ： 樂果文化出版 ： 紅螞蟻圖書發行，
2020.11
面 ； 公分 . --（ 樂生活 ； 48）
ISBN 978-957-9036-31-3(平裝)

1. 遊記 2. 日本

731.9 109014693

樂生活 48
日本聖地之旅 ： 跟著達人玩不一樣的日本

作者 ／ 廖小嬋
總編輯 ／ 何南輝
行銷企劃 ／ 黃文秀
封面設計 ／ 引子設計
內頁設計 ／ 沙海潛行

出版 ／ 樂果文化事業有限公司
讀者服務專線 ／ （ 02 ）2795-3656
劃撥帳號 ／ 50118837 號 樂果文化事業有限公司
印刷廠 ／ 卡樂彩色製版印刷有限公司
總經銷 ／ 紅螞蟻圖書有限公司
地址 ／ 台北市內湖區舊宗路二段 121 巷 19 號（ 紅螞蟻資訊大樓 ）
電話 ／ （ 02 ）2795-3656
傳眞 ／ （ 02 ）2795-4100

2020 年 12 月第一版 定價／ 360 元 ISBN 978-957-9036-31-3
※ 本書如有缺頁、破損、裝訂錯誤，請寄回本公司調換。